职业教育理实一体化教材

# 应用文写作项目教程

主　编　罗　予　周　雯
副主编　何　川　蒋智忠
参　编　谭颖燕　李燕梅　廖　军
　　　　邱兰钧　郭　露　李燕灵　欧阳贝佩
　　　　彭玉琴　王　成　李玉莲
主　审　何晓萍

机械工业出版社

本书在介绍写作基本理论和基础知识的基础上，比较系统地介绍和讲授了常用的应用文书写作知识和技巧，基本覆盖了学生在校学习、参与社会实践和毕业后求职所要用到的应用文文种。本书包括常用事务文书的写作、应聘文书的写作、公关礼仪文书的写作、专题会议文书的写作、活动策划文书的写作、科研论文的写作六个项目，涵盖了求职信的写作、个人求职简历的写作、会议方案的写作、创业策划书的写作、实习报告的写作等19个学习任务。

本书作为高等职业学校、高等专科学校、成人高校和各类中职院校公共基础课程的教学用书。

## 图书在版编目（CIP）数据

应用文写作项目教程/罗予，周雯主编. —北京：机械工业出版社，2019.8（2023.1重印）
职业教育理实一体化教材
ISBN 978-7-111-63276-4

Ⅰ.①应… Ⅱ.①罗…②周… Ⅲ.①汉语-应用文-写作-高等职业教育-教材 Ⅳ.①H152.3

中国版本图书馆CIP数据核字（2019）第150306号

机械工业出版社（北京市百万庄大街22号　邮政编码100037）
策划编辑：于志伟　　　　　责任编辑：谢熠萌　于志伟
责任校对：梁　倩　刘雅娜　封面设计：鞠　杨
责任印制：李　昂
北京捷迅佳彩印刷有限公司印刷
2023年1月第1版第4次印刷
184mm×260mm·12.75印张·279千字
标准书号：ISBN 978-7-111-63276-4
定价：35.00元

电话服务　　　　　　　　　网络服务
客服电话：010-88361066　　机　工　官　网：www.cmpbook.com
　　　　　010-88379833　　机　工　官　博：weibo.com/cmp1952
　　　　　010-68326294　　金　书　网：www.golden-book.com
封底无防伪标均为盗版　　　机工教育服务网：www.cmpedu.com

# 前言

根据我国职业教育发展的新趋势、新要求，结合新时期的职业岗位对职业教育人才培养的能力要求，并结合学生的实际情况编写了本书。本书力求在传统的理论介绍与实践训练的基础上有所突破，采用项目任务引领的教学模式，突破传统应用文写作教材重理论轻实践的困局。在内容设置上，先以"情境描述""工作任务"等引导学生对某一文种进行认知与思考；再以"相关知识"让学生详细掌握该文种的写作知识和要领；最后通过"任务实施"，让学生对案例进行分析与点评以及亲自写作，快速有效地提高学生的写作能力。本书包括常用事务文书的写作、应聘文书的写作、公关礼仪文书的写作、专题会议文书的写作、活动策划文书的写作、科研论文的写作六个项目，涵盖了求职信的写作、个人求职简历的写作、会议方案的写作、创业策划书的写作、实习报告的写作等19个学习任务。

本书采用"教、学、写"的一体化教学模式，创设岗位工作情境，设置具体工作项目，满足岗位现实需要，在介绍写作基本理论和基础知识的基础上，系统地介绍和讲授了当前社会生活中常用的应用文写作知识和技巧，基本覆盖了学生在校学习、参与社会实践和毕业后求职所要用到的应用文文种。通过本课程的学习，学生可达到以下基本要求：

1. 掌握应用文写作的基本理论和基本知识。

2. 能准确地阅读和评鉴应用文书，能对具体的应用文书就观点、结构、格式、语言等进行分析与评价。

3. 能熟练写出观点正确、内容详实、结构合理、格式标准、层次分明、语言得体的各类常用应用文文书。

本书由广西机电技师学院罗予、周雯担任主编，何川、蒋智忠担任副主编，谭颖燕、李燕梅、廖军、邱兰钧、郭露、李燕灵、欧阳贝佩、彭玉琴、王成、李玉莲参与了本书的编写，全书由何晓萍主审。

在本书的编写过程中还参考了大量的相关著作与文献资料，在此一并向相关作者表示衷心的感谢。

由于编者水平有限，书中难免有错漏之处，敬请读者批评指正。

编　者

# 目 录

## Contents

前言

**项目一　常用事务文书的写作** …………………… 1
　　任务一　调研报告的写作 ……………………… 2
　　任务二　请示的写作 …………………………… 15
　　任务三　计划的写作 …………………………… 23
　　任务四　函的写作 ……………………………… 37
　　任务五　总结的写作 …………………………… 43

**项目二　应聘文书的写作** …………………………… 52
　　任务一　求职信的写作 ………………………… 53
　　任务二　个人求职简历的写作 ………………… 62
　　任务三　竞聘演讲词的写作 …………………… 70

**项目三　公关礼仪文书的写作** ……………………… 82
　　任务一　请柬、邀请函的写作 ………………… 83
　　任务二　贺信、感谢信的写作 ………………… 92

**项目四　专题会议文书的写作** ……………………… 101
　　任务一　会议方案的写作 ……………………… 102

任务二　会议通知的写作 …………………… 113
　　任务三　会议讲话稿的写作 ………………… 120
　　任务四　会议纪要的写作 …………………… 130

# 项目五　活动策划文书的写作 …………………… 139
　　任务一　创业策划书的写作 ………………… 140
　　任务二　营销策划书的写作 ………………… 152
　　任务三　专题活动策划书的写作 …………… 162

# 项目六　科研论文的写作 …………………………… 172
　　任务一　实习报告的写作 …………………… 173
　　任务二　毕业论文的写作 …………………… 180

**参考文献** ……………………………………………… 195

# 项目一
# 常用事务文书的写作

情境描述：杨明是××汽车股份有限公司售后维修部某维修点的职员。公司因业务需要，需新增维修点一个，要求杨明担任新维修点组长。在新维修点筹备及试运营的一年间，杨明需要完成选址调研报告，以向公司请示在选定的地点设置维修点；制订维修点工作人员培训计划；为解决新员工培训场地撰写商洽函向某学校租借教室。维修点试运营一年后，杨明需要撰写工作总结。

# 任务一
## 调研报告的写作

**学习目标**

**知识目标**
掌握调研报告的含义、特点、基本格式及写作要求。

**能力目标**
1. 能搜集信息、分析信息，进行自主探究。
2. 能分析具体的情境，并根据事实写出规范的调研报告。

**情感目标**
培养学生有理有据地表达观点与意见的习惯及综合写作能力。

**工作任务**

调研报告是一种沟通、交流形式，其目的是将调查结果、战略性的建议以及其他结果传递给管理人员或其他担任专门职务的人员。因此，认真撰写调研报告，准确分析调研结果，明确给出调研结论，是报告撰写者的责任。本次任务的主要内容是请你代替杨明完成新增维修点选址的调研报告。

**相关知识**

### 一、撰写调研报告的意义

调研报告是对某一情况、某一事件、某一问题，经过对其客观实际情况的调查了解，揭示出本质，寻找出规律，总结出经验，最后以书面形式陈述出来的一种文体形式。

调研报告的写作者必须以研究为目的，根据工作的需要，制订出切实可行的调研计划，即将被动的适应变为有计划的、积极主动的写作实践，经常深入到社会第一线，不断了解新情况、新问题，有意识地探索和研究，写出有价值的调研报告。

## 二、调研报告的类型

### 1. 按服务对象分
可分为市场需求者调研报告（消费者调研报告）、市场供应者调研报告（生产者调研报告）。

### 2. 按调研范围分
可分为国际性市场调研报告、全国性市场调研报告、区域性市场调研报告。

### 3. 按调研频率分
可分为经常性市场调研报告、定期性市场调研报告、临时性市场调研报告。

### 4. 按调研对象分
可分为商品市场调研报告、房地产市场调研报告、金融市场调研报告等。

## 三、调研报告的特点

### 1. 注重事实
调研报告通过调查得来的事实材料说明问题，用事实材料阐明观点、找出规律，引出符合客观实际的结论。调研报告的基础是客观事实，一切分析研究都必须建立在事实基础之上，确凿的事实是调研报告的价值所在。因此，尊重客观事实，用事实说话，是调研报告的最大特点。写入调研报告的材料都必须真实无误，调研报告中涉及的时间、地点、事件经过、背景介绍、资料引用等都要求准确真实。一切材料均出之有据，不能道听途说。只有用事实说话，才能提供解决问题的经验和方法，研究的结论才能有说服力。如果调研报告失去了真实性，也就失去了它赖以存在的科学价值和应用价值。

### 2. 论理性
调查报告的主要内容是事实，主要的表现方法是叙述。但调研报告的目的是从这些事实中概括出观点，而观点是调研报告的灵魂。因此，占有大量材料，不一定就能写好调研报告，还需要把调研的内容加以综合分析，进而提炼出观点。对材料的研究，要在正确思想的指导下，用科学方法经过"去粗取精，去伪存真，由此及彼，由表及里"的过程，在事物发展的不同阶段中，找出起支配作用的、本质的东西，把握事物内在的规律，运用最能说明问题的材料并合理安排，做到既要弄清事实，又要说明观点。这就需要在事实叙述的基础上进行恰当的议论，表达出论文的主题思想。议论是"画龙点睛"之笔。调研报告紧紧围绕事实进行议论，要求叙大于议，有叙有议，叙议结合。如果议大于叙，就成议论文了。所以要防止只叙不议，观点不鲜明；也要防止空发议论，叙议脱节。夹叙夹议，是调研报告写作的主要特色。

### 3. 语言简洁
调研报告的语言简洁明快，这种文体是充足的材料加少量的议论，不要求细腻的描述，只需用简明朴素的语言报告客观情况。但由于调研报告也涉及可读性问题，所以，语言有时可以生动活泼，适当采用生动而形象的语言。同时注意使用一些浅显生动的比喻，增强说理的形象性和生动性，但前提是必须为说明问题服务。

## 四、调研报告的写作结构

调研报告一般由标题、正文、落款三部分组成，其各部分的格式、内容和写法要求如下：

### 1. 标题

调研报告要用能揭示内容中心的标题，具体写法有以下四种：

（1）公文式标题　这类调研报告标题多数由"事由"和"文种名"构成，平实沉稳，如《关于知识分子经济生活状况的调研报告》；也有一些由"调研对象"和"调查"二字组成，如《知识分子情况的调查》。

（2）一般文章式标题　这类调研报告标题直接揭示调研报告的中心，十分简洁，如《教学反思实效性研究实践调查》。

（3）提问式标题　如《为什么要进行教学反思实效性研究》，这是典型调研报告常用的标题写法，特点是具有吸引力。

（4）正副题结合式标题　这是用得比较普遍的一种调研报告标题，特别是典型经验的调研报告和新事物的调研报告的写法。正题陈述调查报告的主要结论或提出中心问题，副题标明调查的对象、范围、问题，这实际上类似于"事由"加"文种名"的公文式标题，如《提高教师教学反思质量——××教学反思实效性研究的调查报告》等。

### 2. 正文

调研报告的正文包括前言、主体和结尾三部分。

（1）前言　调研报告的前言主要有三种写法：

第一种是写明调查的起因或目的、时间和地点、对象或范围、经过与方法，以及人员组成等调查本身的情况，从中引出中心问题或基本结论来。

第二种是写明调查对象的历史背景、大致发展经过、现实状况、主要成绩、突出问题等基本情况，进而提出中心问题或主要观点。

第三种是开门见山，直接概括出调查的结果，如肯定做法、指出问题、提示影响、说明中心内容等。

调研报告开头的方法很多，有的引起读者注意，有的采用设问手法，有的开门见山，有的画龙点睛，没有固定形式。但一般要求紧扣主旨，为主体部分做展开准备。文字要简练，概括性要强。

（2）主体　这是调研报告的主干和核心，是前言的引申，是结论的依据。这部分主要写明事实的真相、收获、经验和教训，即介绍调查的主要内容是什么，为什么会是这样的。主体部分要包括大量的材料，即人物、事件、问题、具体做法、困难障碍等，内容较多。所以要精心安排调研报告的层次，安排好结构，有步骤、有次序地表现主题。

调研报告中关于事实的叙述和议论主要都写在主体部分里，主体是充分表现主题的重要部分。一般来说，调研报告主体的结构大约有三种形式：

1）横式结构。即把调查的内容，加以综合分析，紧紧围绕主旨，按照不同的类别分别归纳成几个问题来写，每个问题可加上小标题，每个问题里往往还有着若干个小问题。典型经验性质调研报告的格式，一般多采用这样的结构。这种调研报告形式观点鲜明，中心突出，使人一目了然。

2）纵式结构。纵式结构有两种形式，一种按调查事件的起因、发展和先后次序进行叙述和议论，一般情况调研报告和揭露问题的调研报告的多采用这种结构方式，有助于读者对事物发展有深入的全面了解；一种按成绩、原因、结论层层递进的方式安排结构，一般综合性质的调研报告多采用这种形式。

3）综合式结构。这种调研报告形式兼有纵式和横式两种特点，互相穿插配合，组织安排材料。采用这种写法时，一般是在叙述和议论发展过程时用纵式结构，而写收获、认识和经验教训时采用横式结构。

调研报告的主体部分不论采取什么结构方式，都应该做到先后有序、主次分明、详略得当、联系紧密、层层深入，为更好地表达主题服务。

(3) 结尾 结尾是调研报告分析问题、得出结论、解决问题的必然结果。不同的调研报告，结尾写法各不相同。一般来说，调研报告的结尾有以下五种写法：

第一种是对调研报告归纳说明，总结主要观点，深化主题，以提高人们的认识。

第二种是对事物发展做出展望，提出努力的方向，启发人们进一步去探索。

第三种是提出建议，供读者参考。

第四种是写出尚存在的问题或不足，说明有待今后研究解决。

第五种是补充交代正文没有涉及而又值得重视的情况或问题。

总之，调研报告结尾要简洁有力，有话则长，无话则短，没有必要也可以不写。

3. 落款

调研报告的落款要写明调研者——单位名称和个人姓名，以及完稿时间。如果标题下面已经注明调研者，则落款时可省略。

## 五、范文示例

### 新生代农民工文化需求调研报告

文化需求是社会人的一般需求。根据马斯洛的需求层次理论，人有生理需求、安全需求、社交需求、尊重需求和自我实现需求五类，依次由较低层次到较高层次。当新生代农民工物质需求逐步得到满足时，其他方面的需求就会被激发出来，其中文化需求显得相当突出。

## 新生代农民工文化需求的现状分析

1. 新生代农民工对文化娱乐生活的需求

文化作为一种符号传递着新生代农民工的精神状态。新生代农民工已经由生存理性转变到社会理性，物质已经不再是他们唯一的需求，他们对文化精神的需求同样迫切。但是由于经济原因，农民工文化消费潜力不强；同时，包括政府部门在内的社会各界，对新生代农民工的文化需求未给予足够的重视和关注，把农民工的需求排斥在外，其文化娱乐生活极其单调。调查显示，新生代农民工休闲娱乐方式主要停留在睡觉、听广播等较为原始、低级的娱乐方式上。即使有的农民工开始接触网络等较现代化的娱乐方式，也大多把网络作为打发时间的工具（聊天、看电影等），而不是有意识地利用网络在信息传递、文化提升、人际交往等方面的重要功能。新生代农民工相对单调的文化生活致使他们在价值观上也呈现出保守、落后的特征，大大不利于其市民化进程。

2. 新生代农民工对专业技能的需求

学好一门过硬的技术是大部分新生代农民工最强烈的愿望。新生代农民工的文化水平比传统农民工虽然有了显著提高，但因为没有一技之长，很难找到自己满意的工作。新生代农民工融入城市生活的第一个"坎"，就是求职过程中的技术门槛，他们普遍陷入一种"技术困境"。另外，随着产业的升级，城市紧缺技术工人，但求职农民工80%没有任何技能，远远满足不了市场要求。虽然新生代农民工已经有了初步的学习意识，但由于学习成本较高以及收益的不稳定性，对于学什么、怎样学，还存在着很多迷惘和认识上的误区。

3. 新生代农民工对科学文化知识的需求

虽然新生代农民工文化水平较传统农民工文化水平有显著提高，但是其平均受教育年限却远远低于城市从业人员，这种差距与农村城市化的进程不相适应。新生代农民工要想真正融入城市，就要不断学习，理解新知识、新技能，从根本上适应农民到市民角色的转变。随着新生代农民工维权意识的逐渐增强和自我意识的觉醒，他们要想顺利地争取自己的权利，务必有相应的法律知识和文化知识与之相匹配，他们的实际需要决定了他们对文化知识的渴求。另外，许多农民工在城市遭受到了由于缺乏科学文化知识而带来的困惑和失望，有些把期望寄托在了下一代身上，期望子女能够接受良好的教育，从而改变自己的命运。

## 新生代农民工文化需求的原因分析

1. 新生代农民工受教育程度相对较高，学习欲望强烈

新生代农民工与上一代农民工相比，文化水平显著提高，有些接受过中专或高技类课

程培训，知识面、信息来源比较广。同时在工作过程中，新生代农民工的学习热情较高，知识能够改变命运这种观点在新生代农民工中得到最广泛的认同。他们不仅自己有着强烈的学习欲望，而且对下一代也寄予很大的期望。对知识的渴望使新生代农民工对文化供应提出了更高的要求，现有的文化状况远远不能满足新生代农民工的文化需求。

2. 新生代农民工对城市的认同度较高，土地意识淡化

随着新生代农民工自身特性变化和技能素质提升，再加上农村土地制度变迁使得新生代农民工对土地社会认同感在减弱，他们大多数人直接从学校加入外出务工行列，有的还是在城市里跟着打工父母成长起来的，对于现代产业规律的熟悉程度远高于传统农业。同时，他们极力谋求对城市社会的认同感，在经历了城市生活及文化氛围的熏陶之后，更感觉到城乡社会的差距，从而表现出对城市社会更强烈的向往。他们不顾各种制度性障碍的存在，积极转变自己的就业观念、生活方式、消费方式，用心主动地融入城市生活。新生代农民工对城市生活的向往和对体面生活的追求，对传统的思想观念、双重制度和限制政策提出了挑战。

3. 新生代农民工职业期望值较高，立足长远发展

大多数新生代农民工进城务工的目的，不是为了生存而是为了谋求发展。他们有较强的拼搏意识和进取精神，有自己的思想，甚至有明确的职业规划。他们不但要挣钱来改善家庭生活，而且还要有所发展。他们更看重个人的潜力和机会，相信只要通过个人努力拼搏就能获得成功。在争取待遇、谋求更大发展空间上，新生代农民工要求更加直接。一些新生代农民工刻苦学习专业技术，以提高就业的竞争力。他们把务工当做学习、提高、适应的过程，期望通过自身的努力，实现从农民到更高社会层次身份的转变。这要求政府和社会务必重视新生代农民工对知识和专业技能的渴求，满足他们的发展需要。

### 满足新生代农民工文化需求的对策推荐

1. 多方推进，丰富新生代农民工文化生活

尽管新生代农民工的生活方式已经和城市居民差异不大，但在精神上，他们独自结成一个群体，这个群体和城市文化有些格格不入。要满足新生代农民工的文化需求，使他们尽快融入城市文化，需要政府、社会、企业和农民工自身共同努力。

一是发挥政府的主导作用。政府是丰富农民工文化生活的主导者，要把丰富农民工文化生活纳入公共服务范畴，不断增强公共服务的职能。

二是企业要充分发挥农民工的主体作用。要根据农民工的需求层次，增加文化活动设施，丰富农民工的业余文化生活。同时，要组织农民工开展丰富多彩的业余文化活动，激发农民工的参与热情。

三是发挥社会组织的重要作用。社区、各级工会、共青团等人民团体要经常为农民工

组织一些形式多样的群众性文体活动,满足他们多层次、多方面的文化需求。

2. 加强教育培训,全面提高新生代农民工素质

对新生代农民工而言,自身素质的高低直接关系着获取资源潜力的高低,进而影响着他们的社会认同感和社会融入潜力。

一是要对他们进行科学文化的知识培训。根据新生代农民工比较年轻、受教育水平较高、理解能力较强等特点,通过建立和完善多层次新生代农民工教育培训体系,使他们学习现代科学文化知识,并通过多层次教育体系来引导和组织新生代农民工接受就业和创业培训,提高其综合素质和职业技能水平。同时,开展职业道德教育,把他们培养成为既熟练掌握职业技能,又具有良好职业道德的新型劳动者。

二是扩大新生代农民工的社交面,加强与其他群体尤其是城市居民的互动交流。要利用社区、街道办及其他社会团体等资源优势组织丰富多彩的活动,在交流和互动中增进了解,促进融合,从而使新生代农民工在思想观念、行为方式、人文素养等方面受到潜移默化的影响。同时,也促使城市居民消除对新生代农民工的偏见,消除歧视,以平等的心态看待并接纳他们。

三是加大对农民工教育培训的投入。通过政府主导、社会团体辅助等方式整合现有的教育培训资源,充分发挥各类教育培训机构和各类组织的作用,用心探索政府、企业与社会共同推进农民工教育和培训的新路径,多渠道、多层次、多形式开展农民工职业培训和素质教育,不断提高农民工整体素质。

调研者:×××<br>××年××月××日

**任务实施**

一、分析案例,回答问题

通过阅读分析《农民工文化需求调研报告》案例,回答以下问题。

1. 该调研报告属于哪种类型?＿＿＿＿＿＿＿＿＿＿
2. 该调研报告的前言采用哪种写法?＿＿＿＿＿＿＿＿＿＿
＿＿＿＿＿＿＿＿＿＿＿＿＿＿＿＿＿＿＿＿＿＿＿＿
3. 该调研报告的主体采用哪种结构写法展开论述?＿＿＿＿＿＿＿＿＿＿
＿＿＿＿＿＿＿＿＿＿＿＿＿＿＿＿＿＿＿＿＿＿＿＿
4. 该调研报告的结尾采用哪种形式归纳全文?＿＿＿＿＿＿＿＿＿＿
＿＿＿＿＿＿＿＿＿＿＿＿＿＿＿＿＿＿＿＿＿＿＿＿

## 二、案例分析与点评

【案例一】

关于××水泥厂选址的调查报告

××市是山西省新兴的工业基地,发展潜力巨大。投资人高××为了响应××市政府的号召,改进和优化城市的经济结构,决定在××市建立一座水泥厂,由于厂址的选择是建立工厂的主要基础之一,所以理想的厂址对经营的成败有着举足轻重的作用。正所谓"酒香也怕巷子深",如若厂址选择不当,再好的产品、再好的服务也会因地理条件限制而无法得以展现。就此,本人对××市做了一系列的调查,具体情况如下:

一、调查人:黄××

二、调查项目:××水泥厂选址

三、调查地点:××市

四、调查时间:2017年10月2日—2017年10月5日

五、调查对象:投资人高××以及水泥厂选址项目相关专业人员

六、调查方式:访谈法、观察法

七、调查内容:

(一)××市基本情况

××市因"盐运之城"而得名,是三国蜀汉名将关羽的故乡,位于晋、陕、豫三省交界处,黄河金三角经济圈黄金位置,北依吕梁山与临汾市接壤,东峙中条山和晋城市毗邻,西、南与陕西省渭南市、河南省三门峡市隔黄河相望。全市辖1区2市10县、146个乡镇(办事处)、3338个行政村。全市乡村人口351万,占全市人口的71%。全市总耕地877.3万亩,农业人口人均耕地2.15亩。十八大以来,全市经济保持了10%以上的增长速度,经济实力不断增强。

由于选择建厂区域所要考察的因素包括自然方面、社会经济方面以及基础设施等,现就这些因素对××市进行全面调查。

1. 自然环境

自然环境包括气候条件和生态要求两个方面。

(1)气候条件　气候是选择厂址的一个重要因素。除了直接影响项目成本以外,对环境方面的影响也很重要。经过调查了解,××市属于温带大陆性季风气候,四季分明,降水主要集中在夏季,平均气温为11~13℃,但是由于××市属于黄土高原上的一个小盆地,降水较少,而××市的供水条件良好,不会对建厂造成影响。

（2）生态要求　经过了解，水泥厂对生态环境没有什么要求，由于水泥厂自身就属于污染性质的工厂，所以在决定建厂投产时就要做好环保措施。

2. 社会经济

（1）政府政策　××市发改委近几年来为××市经济社会发展争取到了多项利好政策，使××市在发展中谋得先机，所以在××市建立工厂是可以得到政府政策支持的。

（2）经济环境　2017年××市全市生产总值比上一年同期增长17.8%，达到680亿元，经济总量位居全省第三位。××市在承接国内外产业转移、促进中部地区崛起的大潮中，彰显出了其发展优势。××市自十八大以来，全市的经济就保持了10%以上的增长速度。随着××市的经济不断发展，水泥的需求量也在不断提高。

3. 基础设施

水泥厂在投产后的正常运行对各种基础设施条件有很强的依赖性，包括水电设施、公路设施以及排污处理系统等。经过查阅资料，了解到在近几年时间里，××市基础设施已趋于完善，城市化建设不断推进。在交通方面，南同蒲铁路纵贯南北，侯西铁路横亘东西，南同蒲铁路侯马至东镇段复线建设已接近尾声。境内有运（城）风（陵渡）高速公路、运（城）三（门峡）高速公路和侯（马）运（城）高速公路，禹门口、风陵渡及三门峡三座黄河公路大桥联结西北、西南和中原地区，与洛阳、郑州和西安形成了纵横交错网络。全市公路里程8000多公里，居全省第一，高速公路里程235公里，居全省第一；环中心城市高速网和通往各县（市）的一小时经济圈初步形成；率先在全省实现了村村通油路，90%左右的村通客车。特别是××机场成功通航，直飞北京、上海、广州、深圳、成都等航线，架起了××市走向全国、走向世界的空中通道，填补了黄河金三角地区的空中交通空白。中心城市建设上，改造了七大出入口，新区建设进展顺利。水利上，全市扩建新建了尊村引黄、海鑫引水工程和禹门口提水枢纽等大型工程。电力上，全市建有电厂五座，初步形成了以500千伏、220千伏双环网为主干，以110千伏、35千伏覆盖全市各主要乡镇的现代化大容量电网结构。通信上，全市已实现市话交换程控化、无线通信移动化，固定电话、移动电话每百人拥有量全省领先。

（二）预计工厂状况

1. 生产状况

××市水泥厂将要采用新型干法生产工艺，配套建设纯低温余热发电系统，预计年生产各种型号水泥200万吨。通过调查了解到，××市可以消化一部分的产品，由于交通方便，其余的产品完全可以销到周边省市。

2. 工厂规模

××市水泥厂预计占地面积800亩，建筑面积230亩，将要建1栋办公楼、2个标准生产车间、4间库房、2栋宿舍楼、1间餐厅以及1个大型停车场。通过调查了解到，像这样的规模、占地面积，在××市有很多可以满足其占地要求的厂址。

八、调查结果

通过一系列的调查和分析，××市完全满足建厂的各种要求，是一个发展潜力很大的城市，在××市建立水泥厂是可行的。

【案例二】

关于××水泥厂选址的调查报告

为了响应××市政府的号召，改进和优化××市的经济结构，投资人王×决定在××市建立一所水泥厂，由于厂址的选择是建立工厂的主要基础之一，所以理想的厂址对经营的成败有着举足轻重的影响。就此，本人对××市做了一系列的调查，具体情况如下：

一、调查人：李××

二、调查项目：××水泥厂选址

三、调查地点：××市

四、调查时间：2017年9月15日—2017年9月22日

五、调查对象：投资人以及水泥厂选址项目相关专业人员

六、调查方式：访谈法、观察法

七、调查内容：

(一) ××市基本情况

××市是三国蜀汉名将关羽的故乡，位于晋、陕、豫三省交界处，黄河金三角经济圈黄金位置，北依吕梁山与临汾市接壤，东峙中条山和晋城市毗邻，西、南与陕西省渭南市、河南省三门峡市隔黄河相望。全市辖1区2市10县、146个乡镇（办事处）、3338个行政村。全市乡村人口351万，占71%。全市总耕地877.3万亩，农业人口人均耕地2.15亩。十八大以来，××市综合经济实力不断增强，主要经济指标一直位居全省前列。

1. 社会经济

2017年××市全市生产总值比上一年同期增长17.8%，达到680亿元，经济总量位居全省第三位。××市在承接国内外产业转移、促进中部地区崛起的大潮中，彰显出了其发展优势。××市自十八大以来，全市的经济就保持了10%以上的增长速度。在撤地设市后，市委、市政府立足市情实际，努力将××市建设成为全省的农业大市、工业大市、教育大市、旅游大市，建设成为晋陕豫黄河金三角地区具有

河东文化特色的工贸旅游中心城市。随着××市的经济不断发展,水泥的需求量也在不断提高。

2. 基础设施

水泥厂在投产后的正常运行对各种基础设施条件有很强的依赖性,包括水电设施、公路设施以及排污处理系统等。经过查阅资料了解到,在近几年的时间里,××市基础设施已趋于完善,城市化建设不断推进。在交通方面,全市交通便利,公路、铁路等建设不断完善中。水利上,全市扩建新建了三个大型水利工程。电力上,全市建有五座具有现代化大容量电网结构的电厂。通信上,全市已实现市话交换程控化、无线通信移动化,固定电话、移动电话每百人拥有量全省领先。

(二)预计工厂状况

1. 生产状况

××市水泥厂将要采用新型干法生产工艺,配套建设纯低温余热发电系统,预计年生产各种型号水泥200万吨。

2. 工厂规模

××市水泥厂预计占地面积800亩,建筑面积230亩,将要建1栋办公楼、2个标准生产车间、4间库房、2栋宿舍楼、1间餐厅以及1个大型停车场。通过调查了解到,像这样的规模、占地面积,在××市有很多可以满足其占地要求的厂址。

八、调查结果

通过一系列的调查和分析,××市非常符合建厂的各种要求,因此,在××市建立水泥厂是可行的。

以上两份《关于××市水泥厂选址的调研报告》,你觉得哪份更好?请说出你的理由。

_____
_____
_____
_____
_____

### 三、实施写作

请你帮杨明完成新增维修点选址的调研报告。

**写作提示:**

在撰写调查报告之前,要深入调查研究,广泛收集材料;要认真分析研究,找出内在规律;要选好题目,找好切入点。

## 四、任务评测

对任务实施的完成情况进行检查,并将结果填入表 1-1。

表 1-1  任务测评表

| 评分内容 | 完整、明确、清晰、真实 | 较完整、较明确、较清晰、较真实 | 不完整、不明确、不清晰、不真实 | 备 注 |
|---|---|---|---|---|
| 调研报告的格式是否完整 | | | | |
| 调研报告的表述是否明确 | | | | |
| 调研报告的逻辑顺序是否清晰 | | | | |
| 调研报告的论证材料是否真实 | | | | |

### 想一想,练一练

**情境描述:**

随着科学技术的发展,网络与人类生活越来越密切,上网已成为一种潮流,中职生更是成了这股潮流的主力军。因此,上网成为摆在青少年面前的双刃剑,人们也在关注这样的问题:如何看待中职生上网?由于大多数中职生缺乏自制力,总是不加选择地上网,如何改变这种现状,使网络真正为我们所用呢?我院学生的上网状况又是怎样的呢?

请各组成员根据之前学到的调研报告的相关知识点以及参考例文,在 20 分钟之内起草一份我院学生上网状况调研报告的提纲,并推举一位发言人进行展示。每个团队选派一位同学组成大评判团,对各团队所写的提纲进行评比。认为写得最满意的团队评为本次课的最佳写手。

### 知识拓展

#### 调研报告与调查报告的区别

调查报告是对某一情况、某一事件调查研究后,将所得的材料和结论加以整理而写成的书面报告。调查报告的使用范围很广,制订方针政策,解决各种实际问题,弄清事情真相,扶植新生事物,推广典型经验,都离不开调查报告。调查报告反映具有普遍意义或带有关键性问题的情况,内容比较复杂,深度与广度的要求都比较高。广义上说,所有的调查报告都或多或少带有某种研究性质,都是调研报告。而狭义的调研报告指的是以研究为目的写出的调查报告,它不包括反映特定情况、介绍工作经验、揭露特殊问题的专题报告,但它又包含这几方面的内容。

调查报告与一般的调研报告并不一样，主要原因在于调查报告与调研报告的侧重点不同。调查报告侧重调查过程，而调研报告侧重于研究与结果，是以调查为前提，以研究为目的，研究始终处于主导的、能动的地位，它是调查与研究的辩证统一，充分反映调查研究的结果。

# 任务二
## 请示的写作

### 学习目标

**知识目标**

掌握请示的种类、基本格式及写作要求。

**能力目标**

1. 能根据工作需要写请示。
2. 能分析具体的情境、解决具体问题。
3. 能搜集信息、分析信息，进行自主探究。

**情感目标**

塑造实事求是、有理有据的务实品格，培养规范化、科学化、程序化的工作作风。

### 工作任务

行政机关公文，是行政机关在行政管理过程中形成的具有法定效力和规范格式的文书，是依法行政和进行公务活动的重要工具。请示是行政机关公文中的一种，写作一份规范的请示，是各项工作能够顺利开展的重要条件。本次任务的主要内容是请你代替杨明向公司写一份在选定的地点设置维修点的请示。

### 相关知识

#### 一、请示的概念

请示是党政机关广泛使用的一种上行公文，适用于下级机关向上级机关请求指示或批准事项的一种请求性公文。

请示必须具备以下三个条件：

1）必须是下级机关向上级机关的行文；
2）请示的问题必须是本机关无权作出决定和处理的；

3）必须是为了向上级请求批准。

请示主要用于：

1）在实际工作中，遇到缺乏明确政策规定的情况需要处理；
2）工作中遇到需要上级批准才能办理的事情；
3）超出本部门职权之外，涉及多个部门和地区的事情，请示上级予以指示。

## 二、请示的类型

请示根据内容和写作意图的不同分为三类：

### 1. 请求指示的请示

此类请示一般是政策性请示，是下级机关需要上级机关对原有政策规定作出明确解释，对变通处理的问题作出审查认定，对如何处理突发事件或新情况、新问题作出明确指示等。

### 2. 请求批准的请示

此类请示是下级机关针对某些具体事宜向上级机关请求批准的请示，主要目的是为了解决某些实际困难和具体问题。

### 3. 请求批转的请示

下级机关就某一涉及面广的事项提出处理意见和办法，需各有关方面协同办理，但按规定又不能指令平级机关或不相隶属的部门办理，需上级机关审定后批转执行，这样的请示就属此类。

## 三、请示的特点

### 1. 陈请性

请示是向上级机关请求指示或批准的公文，行文具有请求性。为了便于领导批复，请示行文必须一文一事。也就是说，每则请示只能要求上级批复一个事项，解决一个问题。

### 2. 求复性

一请示，一批复。请示的行文目的是请求上级机关批准，解决某个具体问题。请示所涉及的问题，一般较紧迫，没有批复，下级机关就无法工作。因此，下级机关应及时就有关问题向上级机关请示，上级机关应及时批复。

### 3. 超前性

请示必须在问题发生或处理前行文，不能先斩后奏，要等到上级机关作出答复之后才能付诸实施。

## 四、请示的写作结构

请示一般由标题、主送机关、正文、落款和附件五部分组成。其各部分的格式、内容和写法要求如下：

### 1. 标题

请示的标题一般有两种构成形式：一种是由发文机关名称、事由和文种名构成，如《××县人民政府关于××××××的请示》；另一种是由事由和文种名构成，如《关于开展春节拥军优属工作的请示》。文种名要明确，不能写成"请示报告"或"申请"。标题中的事由要明确，语言要简明。

### 2. 主送机关

请示的主送机关是指负责受理和答复该文件的直属上级机关。受双重领导的机关向上级机关请示时，应当写明主送机关和抄送机关，由主送机关负责答复。请示在确定主送机关时，要注意以下三点：

1）主送机关只能有一个，不能多头请示。
2）只能主送上级机关，不能送领导者个人。
3）不得越级。

### 3. 正文

正文一般由开头、主体和结语三部分组成。

（1）**开头** 主要交代请示的缘由，解决"为什么请示"的问题。它是请示事项能否成立的前提条件，也是上级机关批复的根据。一般而言，这部分要写明所遇到的新情况、新问题，或自身没有能力解决的困难，要写得充分、恰当、具体。请示原因，应简明扼要而又充分地陈述请示的原因、依据。这部分是为请示事项做铺垫的。简要不意味着简单化，必须讲清情况，不能笼统、含糊，不能夸大事实，这样上级机关才好及时决断，予以有针对性的批复。

（2）**主体** 主要说明请求事项，是请示最核心、最重要的部分，解决"请示什么"的问题，是向上级机关提出的具体请求，也是陈述缘由的目的所在。这部分内容要单一，只宜请求一件事。

请求指示的请示，主体要写明想在哪些具体问题、哪些方面得到指示。请求批准的请示，要把要求批准的事项分条列款——写明。如果在请求批准的同时还需要人、财、物等方面的支持和帮助，更需要把编制、数量、途径等表达清楚、准确，以便上级及时批准。请示事项，这是请示的重点，是请求上级机关给予指示、批复、答复的具体事项。内容要具体，所提建议和要求要切实可行；用语要明确肯定，不能含糊其辞；若内容多，可分条列项；语气要得体，一般应写"拟"怎么办，而不能写"决定"怎么办。

如果请示内容十分复杂，可以在条款之上分列若干小标题，每一小标题下再分条列款。

（3）**结语** 请示的结语比较简单，在主体之后，另起一段，按程式化语言写明期复请求即可，解决"有何要求"的问题。期复请求用语常见的有"当否，请批示""妥否，请批复""以上请示，请予审批"或"以上请示如无不妥，请批转各地区、各部门研究执行"等语作结。

### 4. 落款

在请示正文的右下方分别写明发文机关和日期两个项目内容。标题已写明发文机关的，这里可不再署名，但需加盖单位公章。发文日期应具体到年、月、日，使用阿拉伯数字书写。

### 5. 附件

请示问题时，有时需要附带有关材料、图表或其他文件（即附件），需在成文时间之后隔一行居左空2格，按顺序列出附件的名称和编号，并将附件原件装订于请示之后。

## 五、范文示例

关于下拨建造学生宿舍楼经费的请示

市教育局：

　　我校今年由于扩大招生规模，住宿生急剧增加，造成学生住宿十分困难。现在住宿生人数达1000人，两个人睡一个床位，严重影响学生的身心健康和正常学习生活。为解决这一困难，我校计划再建一栋学生宿舍楼，该宿舍楼预计楼高22米，建筑面积9800平方米。经有关工程人员匡算，共需资金800万元。目前，我校可自筹资金650万元，尚缺150万元。为此，恳请市教委下拨给我校建造学生宿舍楼经费150万元。

　　特此请示，请批复。

××市第二职业中学<br>2018年12月15日

**任务实施**

### 一、分析案例，回答问题

通过阅读分析《关于下拨建造学生宿舍楼经费的请示》案例，回答以下问题。

1. 该请示属于哪种类型？
_____
_____

2. 该请示的缘由（解决"为什么请示"的问题）：
_____
_____

3. 该请示的事项（解决"请示什么"的问题）：
_____
_____

4. 该请示的结语（解决"有何要求"的问题）：
_____
_____

二、案例分析与点评

【案例一】

关于暑期开展三下乡活动的请示

院团委：

　　按照学院对学生应适当增加社会实践的要求，为进一步提高学生的社会实践能力，经数控系团委会研究，经数控系主任同意，拟于2018年6月30日至2018年7月30日组织全系学生到百色市敢示村开展暑期三下乡活动。

　　妥否，请批示。

××学院数控系团委<br>2018年6月6日

【案例二】

关于暑期开展三下乡活动的请示

院团委：

　　随着经济的发展，社会对大学生能力的要求越来越高。暑期将至，为进一步提高我系学生的研究学习能力和社会实践能力，经过研究、讨论，我系拟开展大学生暑期三下乡活动，特此提出请求。

　　当代大学生普遍缺少社会实践经验，而暑期社会实践活动可以为大学生提供一个良好的学习实践平台，充实他们的假期生活，同时还能提高其参与社会事务的积极性。通过三下乡活动，大学生可以提高自身的精神文化素养，把农村建设的需要同自身的成长结合起来，走综合发展之路。根据近年来党中央制订的关于大学生社会实践的文件精神和各高校开展三下乡活动的情况，我系组成了研究小组，经过广泛调查和反复讨论，形成了本次活动的初步方案，现将活动的有关意见请示如下：

一、活动时间及地点（见附件）

二、活动流程（见附件）

三、活动的其他相关事项（见附件）

以上请示妥否，请批复。

××学院数控系团委<br>2018 年 6 月 6 日

附件：《数控系 2018 年暑期开展三下乡活动方案》

以上两份《关于暑期开展三下乡活动的请示》，你觉得哪份更好？请说出你的理由。

_____
_____
_____
_____
_____

## 三、实施写作

请你帮杨明向公司写一份在选定的地点设置维修点的请示。

写作提示：

先用思维导图列出请示的缘由（解决"为什么请示"的问题），请示的事项（解决"请示什么"的问题），请示的结语（解决"有何要求"的问题）。在写作请示之前，需要不断与公司和场地提供方对以上事宜进行沟通及确认。

## 四、任务评测

对任务实施的完成情况进行检查，并将结果填入表1-2。

表 1-2　任务测评表

| 评分内容 | 完整、充分、明确、准确 | 较完整、较充分、较明确、较准确 | 不完整、不充分、不明确、不准确 | 备注 |
| --- | --- | --- | --- | --- |
| 请示的格式是否完整 | | | | |
| 请示的缘由表述是否充分 | | | | |
| 请示的事项表述是否明确 | | | | |
| 请示的结语表述是否准确 | | | | |

想一想，练一练

**情境描述：**

××市特产公司南门仓库在一场洪灾中被冲坏，已无法使用。为做好今后收购茶叶的贮存工作，需要立即修建简易仓库300平方米，所需修建费拟从公司自筹资金中解决。2018年11月7日向市供销合作社行文，字号"X特〔2018〕20号"。11月8日市供销社收到该文件，一周后，××市供销社即予回文，字号：X合〔2018〕61号。市供销合作社同意修建简易仓库250平方米（市供销合作社出面为他们租借了××学校两间教室，借期3年，考虑到特产公司资金紧张，每年租金2000元由市供销合作社代为支付），所需资金自筹解决。市供销合作社希望公司指定专人负责，抓紧进行，务必在第二年四月完工。

请各组成员根据之前学到的请示相关知识点以及参考例文，在15分钟之内写作一份请示，并请三位同学作为上级部门代表，根据各小组所写请示决定是否批准并说明原因。请同学们及时记录其他同学的点评，以及自己的心得。

 知识拓展

## 一、请示与报告的关系

### 1. 请示与报告的区别

1）请示用于向上级机关请求指导、批准，上级接文后一定要给予批复；报告则用于向上级机关汇报工作，反映情况，提出建议，供上级了解情况，为上级提供信息和经验，上级机关接文后，不一定给予批复。

2）请示内容具体单一，要求一文一事，必须提出明确的请求事项；报告内容较广泛，可一文一事，也可反映多方面情况，但不能在报告中写入请示事项，也不能请求上级批复。请示起因、事项和结语缺一不可；报告行文较长，结构安排不拘一格，因文而异。

3）请示涉及的事项是没有进行的，等上级批复后才能处理，必须事前行文，不能先斩后奏；报告涉及事项大多已过去或正在进行中，可以事后行文，也可以事中行文。请示时间性要求强，报告时间性要求一般较差。

4）批准性请示，在上级未作出答复前，成文单位无权安排和办理；批转性报告在上级未作出答复前，成文单位即可进行安排和部署。

### 2. 请示与报告的联系

请示与报告虽然文种不同，但两者之间仍有某些相同之处。

（1）**主送单位相同** 请示、报告的主送单位都是上级机关。因此，两者都是上行文，都是下级机关向上级机关呈送的报请性公文。

（2）**行文手法相同** 请示、报告都是用具体的事实和确凿的数据行文，禁止言过其实，弄虚作假，混淆上级机关视听。

（3）**表达方式相同**　请示、报告都要求把有关事实叙述得清楚明白，这种叙述并非记流水账式的罗列材料，而是对有关事实进行系统的归纳和概括。

（4）**用语要求相同**　请示、报告都是处理问题、指导工作的依据，使用语言时都要求通俗易懂，一目了然。

## 二、请示与申请书的区别

### 1. 性质不同

申请书是个人或集体向组织、机关、企事业单位或社会团体表达愿望、提出请求时使用的一种文书。请示和申请书都包含请求缘由和请求事项，但请示是法定公文，申请书为专用书信，属于不同的文种。

### 2. 作者不同

请示的作者是法定的机关、团体，而申请书的作者可以是机关、团体，也可以是个人。机关、团体或个人向有关方面递交申请，有时必须按有关规定出具或提交有关证明、证件、文件等，而请示则没有这方面的规定。

### 3. 适用范围不同

请示用于下级机关向上级机关提出请求，请示的内容限于本系统、本部门的行政公务或政策问题。申请书不仅用于下级单位向上级单位请求事项，还可用于不相隶属但按规定及法律程序必须向其请求的机关单位请求事项，如专门办理有关业务的机构部门（银行、保险、公安、海关、土地管理、工商管理等部门）。

### 4. 写法不同

请示的写法规范，而申请书的写法不强求一律，且常以填写有关部门印制的各种表格代替。请示可以带附件，附件是请示的重要组成部分，作为对正文的补充说明或参考。

# 任务三
# 计划的写作

### 学习目标

**知识目标**

掌握计划的种类、基本格式及写作要求。

**能力目标**

1. 会根据要求撰写计划。
2. 能分析具体的情境、解决具体问题。
3. 能搜集信息、分析信息，进行自主探究。

**情感目标**

1. 培养做事有计划的职业态度，知道"凡事预则立，不预则废"的道理。
2. 树立明确的学习目标，提高学习效率。

### 工作任务

培训是企业人力资源管理中的一项重要工作，制订一个有效的培训计划，是成功开展培训工作的重要条件。本次任务的主要内容是请你代替杨明制订维修点工作人员培训计划。

### 相关知识

## 一、制订计划的意义

计划具有两重含义：一是计划工作，是指根据对组织外部环境与内部条件的分析，提出在未来一定时期内要达到的组织目标以及实现目标的方案途径；二是计划形式，是指用文字和指标等形式所表述的组织以及组织内不同部门和不同成员，在未来一定时期内关于行动方向、内容和方式安排的管理文件。

计划对工作具有指导作用，使工作有条不紊地进行。同时，计划本身又是工作进度和质量的考核标准，具有较强的约束和督促作用。

## 二、计划的类型

计划的种类很多，可以按不同的标准进行分类。主要分类标准有：计划的重要性、时间界限、结构等。比如，短期计划和长期计划，战略计划和作业计划等。

### 1. 按计划的重要性划分

按计划的重要性划分，可以将计划分为战略计划和作业计划。

战略计划是指应用于整体组织的，为组织设立总体目标和寻求组织在环境中的地位的计划。规定总体目标如何实现的细节计划称为作业计划。战略计划趋向于包含持久的时间间隔，通常为 5 年甚至更长，它们覆盖较宽的领域且不规定具体的细节。此外，战略计划的一个重要的任务是设立目标；而作业计划是假定目标已经存在，只是提供实现目标的方法。

### 2. 按计划的时间界限划分

计划按时间界限，可分为长期、中期和短期计划。长期通常指 5 年以上，短期一般指 1 年以内，中期则介于两者之间。长期计划描述了组织在较长时期（通常 5 年以上）的发展方向和方针，规定了组织的各个部门在较长时期内从事某种活动应达到的目标和要求，绘制了组织长期发展的蓝图。短期计划具体地规定了组织的各个部门在目前到未来的各个较短的时期阶段，特别是最近的时段中，应该从事何种活动，从事该种活动应达到何种要求，因而为各组织成员的行动提供依据。

### 3. 按计划的结构划分

按计划的结构划分，计划主要分为文章式、表格式和时间轴式。

（1）文章式计划　　即把计划按照指导思想、目标和任务、措施和步骤等分条列项地编写成文，这种形式有较强的说明性和概括性，经常用于全局性的工作计划。

文章式计划包括标题、前言、主体、结语、落款五部分。

1）标题。一份计划的标题，一般包括单位名称、计划期限和计划种类三项内容，如《××大学 2017 年工作计划》《××公司 2018 年五一促销方案》等。有的计划也可以省略单位名称、时限等内容。

2）前言。主要说明制订计划的依据、目的、指导思想及有关背景，回答"为什么要做"的问题。

3）主体。主体应写清"三要素"，并注意内容的合理性。

① 目的和任务（解决"要做什么"的问题）。

② 措施和办法（解决"怎样去做"的问题）。

③ 步骤和时间（解决"什么时候完成"的问题）。

4）结语。在这部分可以总结全文，提出希望，或者写明执行计划时应注意的事项。有的计划则不写这部分内容，写与不写，应根据实际需要来决定。

5）落款。落款就是在计划正文的右下方分别写明制订计划的单位和日期。如果标题中已标明单位名称，只写日期即可。如以公文形式上报下达的计划，要加盖公章，还要参照公文的格式，设计抄报、抄送栏，把需要上报、下达的单位一一注明。

（2）**表格式计划**　即整个计划以表格的形式表述，经常用于时间较短，内容单一或量化指标较多的工作计划。表格式计划详见表1-3。

表1-3　学生纠察队第1周计划安排表

| 时 | 间 | 活动内容 | 时　　间 | 地　　点 | 负 责 人 |
|---|---|---|---|---|---|
| 星期一 | 早上 | 升国旗仪式 | 6：40—7：20 | 修业广场 | 王科、韦怡 |
| | 上午 | 军用水壶、列队教材、课表上交 | 8：00—14：00 | 芷兰办公室 | 肖璇 |
| | 中午 | 信息部部门例会 | 12：20 | 老T3 | 王瑞 |
| | | 晚巡部部门例会 | 12：30 | 老T3 | 王志成 |
| | | 训练部部门例会 | 12：30 | 老T3 | 卜有康 |
| | | 学习部部门例会 | 12：30 | 十一教办公室 | 王晓鹏 骆旭赵 |
| | | 更换报纸 | 12：30 | 橱窗栏 | 王瑞 |
| | 晚上 | 办公室部门例会 | 21：30 | 老T3 | 肖璇 |
| | | 网络部部门例会 | 21：30 | 二楼会议室 | 黄奕 |
| 星期二 | 中午 | 失物招领摆点 | 12：10—12：50 | 芷兰 工商银行旁 | 王瑞 |
| | | 国旗班部门会议 | 12：30 | 老T3 | 王科 |
| … | … | … | … | … | … |

表格式计划实际上是由表格和文字说明两大部分组成的。它的特点是：计划的指标、任务通过表格来体现，而不是用文字叙述，例如"商品流转计划""财务计划"等数字较多的计划，采用表格形式不仅可以节省大量文字而且表达清楚，使人一目了然。

由于表格和文字说明两部分属同一计划，因此它们的标题应该统一，其表格部分和文字说明部分的写法如下：

1）表格部分。这部分根据需要可自行设计并按项填写。因表中的数字是计划的指标，所以填写时要特别慎重。如财务计划，在填写数字以前，不仅要对本单位财务状况进行周密调查树立全局观念，而且还要研究上级主管部门下达的编制财务计划的有关指标、要求等文件，商品流转计划及其他有关的计划和资料，近几年的会计报表和财务分析资料等。另外数字填好后，还要进行试算平衡，以免发生差错。

2）文字说明部分。这部分是表格内容的补充，行文必须简略概括。凡表格里已表达清楚的内容，文字说明部分就不要叙述了。文字说明部分，应针对不同类型的计划，有所侧重，大致应写清以下几点：①编制计划的指导思想。②对前期各项计划指标完成（或预计完成）情况的简要分析。③编制计划的客观依据。依据体现在三个方面：一是客观形势的发展；二是上级机关的指示精神；三是本单位的具体情况。这三个方面应阐述清楚，用以证明计划的可行。④执行计划的要求。这包括两个方面：一是执行计划时必须掌握的方针政策；二是执行中应注意的事项。⑤实现计划的办法措施。

（3）**时间轴式计划**　即整个计划按照主时间轴依次列开，内容按照实施先后顺序编制。

## 三、计划的特点

### 1. 针对性
计划是根据党和国家的方针、政策和有关的法律、法规，针对本系统、本部门的实际情况制订的，目的明确，具有指导意义。

### 2. 预见性
计划是在行动之前制订的，它以实现今后的目标，完成下一步工作和学习任务为目的。

### 3. 首位性
计划是进行其他管理工作的前提，计划在前，行动在后。

### 4. 普遍性
实际的计划工作涉及组织中每一位管理者及员工，一个组织的总目标确定后，各级管理人员为了实现组织目标，使得本层次的组织工作得以顺利进行，都需要制订计划。

### 5. 目的性
任何组织或者个人制订的各种目标都是为了促使组织或个人总目标的实现和一定时期目标的实现。

### 6. 明确性
计划应明确表达出组织的目标和任务，明确表达出实现目标所需的资源以及所采取的程序、方法和手段，明确表达出各级管理人员在执行计划过程中的权利和职责。

### 7. 效率性
计划的效率性主要是指时间性和经济性两个方面。

## 四、范文示例

### ××大学学生团体联合会第六届委员会2018年工作计划

2017年，在学校党委的正确领导及学生工作处的具体指导和大力支持下，学生团体联合会和各学生团体的工作都取得了较大的进步。2018年，学生团体联合会将在新一届委员的共同领导下，秉承"服务学生团体，引导学生团体，管理学生团体，繁荣校园文化，推进素质教育"的宗旨，以"引导、管理、服务、培养、发展"为指导思想，在内部建设、制度完善、学生团体服务与管理、校园文化建设、服务社会等方面开展工作，形成"一元主导、多元交融"的校园文化。集思广益、锐意进取，为我校建设国家大学生文化素质教育基地添砖加瓦、贡献力量。根据学生工作处的指示精神，拟定××大学学生团体联合会第六届委员会2018年工作计划如下：

一、贯彻十九大精神，加强思想建设，培养恪尽职守的服务精神，营造特色组织文化

1. 认真学习十九大精神，坚持以人为本，优化人力资源配置。通过开展时事政策教

育,加强学生团体联合会及学生团体干部的思想政治教育,使其用科学的理论武装头脑,用先进的方法指导工作。在各项工作中坚持以人为本,待人处世做到为他人着想,对待工作尽职尽责,并乐于为他人奉献。延续一贯的务实、认真态度,能不计回报地将分内的事做得更加完美,并自发地发现问题,开拓创新。与内部成员和谐相处,互帮互助,成员们都是朋友、亲人,以形成独特的"家的文化"。

2. 结合我校五十周年校庆契机,加强精神文明建设,塑造大学生干部形象

在我校欢度五十周年校庆之际,在文明月活动的开展中,学生团体联合会干部及各学生团体干部均以身作则,自觉以学校要求的文明礼仪标准严格要求自己,在学习、生活、工作中,均能体现一个学生干部的气质,做到待人有礼,戒骄戒躁,谦虚谨慎,以更好地塑造自身形象。

3. 在反思、交流中,提升内在素养,培养尽职尽责,乐于奉献的精神

在每次大型活动及工作后,及时组织工作人员做好反思与总结,并收集各方调查意见,交流工作中的长处与不足,做好文字及电子版记录存档,作为下届工作人员在工作中进行完善、开拓创新的基础。进行自我鞭策,自我提高,以更尽责的态度做好每一件事。

二、提升工作业务水平,推行以提高综合能力为目标的学生团体联合会及学生团体干部队伍的建设

1. 收集、提供各类与学生工作能力相关的书籍、视频等材料,建设相关资源共享平台。由人力资源部牵头,发起"人才培养计划"。通过收集相关学习材料,包括书籍、视频,并结合各学生团体资源平台,共享各类有利于培养工作技能、个人素养的资源。

2. 定期以灵活、生动的形式在学生团体联合会内部进行交流、学习。在信息沟通方面,通过板报、小刊物、公告栏等媒介互享学生团体联合会内各部门工作动态,掌握学生团体联合会的工作方向,并在部门内部、部门间通过开展研讨会、沙龙和情景模拟等形式交流学习,促进工作的顺利开展与学生团体联合会干部的自身能力的提高。

3. 加强与各指导老师的交流,获取更多的指导与支持。主动与指导老师多联系,沟通学生团体在发展中的需要,从指导老师处获取信息及方法,同时用自己的热情以及认真尽责的态度,得到指导老师的认同与支持,促进学生团体更好地发展。

4. 关注校外社会动态趋势以及其他高校的动态,提升学生团体联合会及学生团体负责人的工作理念。关注校外社会动态,尤其是其他高校的动态,而不能只是局限于校内。通过各种交流方式,借鉴他人的先进管理理念,促进自身管理水平的提高。主动关注社会发展趋势,结合自身学生团体特色,明确发展方向。

三、进一步完善各类规章制度,增强执行力度,实现管理的"制度化""科学化""合理化"

1. 加强制度化管理,牢牢把握学生团体发展的方向原则,不断健全学生团体服务管理体系。进一步完善《××大学学生团体管理规定》,严格把握学生团体成立制度,学生

团体活动审批制度、纳新制度、财务管理制度、奖惩制度、年度审查制度等各项管理制度，不断增强制度的科学性和可操作性，使各项工作有章可循、规范有序。

2. 完善学生团体联合会内部培训、考核机制，促进内部人员整体素质水平的提升。以"让先进成为一种个性，让优秀成为一种习惯"为原则，强化内部人员工作能力，加强对学生团体联合会成员的思想教育和业务学习，促进其自身素质提升，努力培养更多优秀人才。

3. 完善内部交流机制，拓宽学生团体联合会内部的信息交流平台。建立并拓宽学生团体联合会内部信息交流平台，使各个部门之间交流沟通更为便捷，提高整体工作效率。增加信息反馈机制，大处着眼、小处着手，注重细节之处，减少工作失误的产生。

4. 在活动管理考评方面，修改完善与学生团体活动相关的制度规定，使之更合理化、科学化。补充完善各项活动管理制度，如学生团体活动考评制度、活动立项与经费报销制度等。依据学生团体的实际情况，更人性化地对各个学生团体进行规范管理，并提供相关引导与服务。进一步简化工作流程，提升工作效率。表格审批流程精简，档案资料电子化、宣传网络化、资料共享化。

5. 在财务监督及权益维护方面，加大对学生团体的财务监督力度，规范财务管理行为，提高会员及学生团体的权益维护意识。进一步完善学生团体财务管理监督机制，加强对其财务收支状况的抽查与审核，定期公示学生团体财务明细表等，逐步推进学生团体财务公开化，让权力在阳光下运行。学生团体联合会将继续加强学生团体及会员权益维护工作，以"权益活动日"为品牌活动，以维权信箱、维权热线、学生团体网在线维权、办公室值班维权四个辅助渠道为补充，在第一时间给大家提出合理解决办法，及时维护会员及学生团体的正当权益。

四、建设并拓宽学生团体联合会与各界的交流平台，加强校内及校际交流沟通

1. 引导并促进学生团体与挂靠单位之间的交流沟通，提高学生团体活动工作效率，扩大整体影响。学生团体联合会也将进一步争取学校领导和学生处、社区中心等职能部门对学生团体工作的理解和支持，积极拓展资源，发挥纽带作用，提升学生团体服务工作的科学性和实效性。

2. 开展校内学生团体相互之间的交流活动，促进各学生团体之间的了解，加强同类型或相关学生团体的合作互助。学生团体联合会将通过跟踪活动，按照学生团体类型分组，为相同类型学生团体提供交流平台，以实现资源共享，并组织多层次、分类别的学生团体负责人座谈会，搭建学生团体工作交流平台，分享工作经验，优势互补，达到互利的目的。

3. 加强学生团体联合会与当地各高校社联组织的沟通交流，谋求共同发展、共同繁荣的局面。学生团体联合会将发挥自身优势，带动本地区高校之间的交流与合作，为本校学生团体与其他高校学生团体进行交流和学习提供平台，并为繁荣本地高校社团文化做出贡献。

4. 继续与省内几所重点高校发展同盟合作关系，共同促进区域高校社团文化，并着眼促进两岸文化交流。以省内高校交流会为契机，继续加强与省内高校社联组织的交流合作。巩固与发展省内高校社联同盟，加强校际沟通，促进共同发展。在实际情况允许的条件下，尝试海峡两岸高校社联组织的联系交流，促进两岸大学生社团文化发展。

五、塑造学生团体品牌活动、精品活动，逐渐走出校园，服务社会

1. 强调自主学习、自发向上，提升社团活动的质量与水平，将影响力扩展到校外，更好地服务社会。提高自身能动性，努力打造属于各学生团体自己的品牌活动、精品活动。要把眼光放得长远一些，不能局限于现有的自娱自乐的活动，而要不断学会承担社会给予的责任。不仅仅要在校内发展，还要向全国范围内拓展平台。充分发挥侨校优势，以多元文化的交融，推动校园文化的提升。

2. 紧密联系社会上的组织机构，让大学生社团文化以喜闻乐见的方式融入社会。学生团体的发展仅仅停留在服务校园文化建设是不够的，应该抓住社会上可以利用的资源，积极同社会上的一些公益组织，职能部门加强联系，为自身充电，加速发展。与此同时，注意观察社会动态，紧跟时代步伐，抓住时代的主题，并运用于学生团体的发展中，只有这样，才能更好地融入社会，更好地谋求学生团体健康良好的发展。

××大学学生团体联合会<br>2018 年 1 月 18 日

 任务实施

### 一、分析案例，回答问题

通过阅读分析《××大学学生团体联合会第六届委员会 2018 年工作计划》案例，回答以下问题。

1. 该工作计划属于哪种类型的计划？

（1）按计划的重要性划分属于：_____。

（2）按计划的时期界限划分属于：_____。

（3）按计划的结构划分属于：_____。

2. 该工作计划的目的和任务（解决"要做什么"的问题）：
_____
_____

3. 该工作计划的措施和办法（解决"怎样去做"的问题）：_____
_____
_____。

4. 该工作计划的步骤和时间：_____
_____。

## 二、案例分析与点评

【案例一】

××学院汽车工程系（部）
全面推进一体化课程教学改革工作具体方案

为落实学院《关于印发〈全面推进一体化课程教学改革工作方案〉通知》的文件精神，提出以下工作方案。

一、现状

汽车工程系现有汽车维修、汽车电器维修、汽车钣金与涂装、汽车装饰与美容、新能源汽车检测与维修专业五个专业。其中汽车维修、汽车钣金与涂装专业可以用系颁布的人才培养方案；汽车电器维修专业可以用结合系里开发的工作页或者示范校期间我系开发的工作页（现需要修订）；汽车钣金与涂装专业、汽车装饰与美容专业、新能源汽车检测与维修专业全新开发人才培养方案和工作页。

二、时间节点要求

第一阶段：下学期第 10 周前，有基础的专业（参加过技工院校一体化课程教学改革试点、示范校和高技能建设的专业）修订完成人才培养方案（含课程体系）和一体化工作页。

第二阶段：下学期第 20 周前，无基础的专业（未参加过技工院校一体化课程教学改革试点、示范校和高技能建设的专业）开发完成人才培养方案和一体化工作页。

同时，2019 年 8 月 25 日前完成全部专业一体化工作页，教学资源在使用中不断开发和完善。

三、具体安排

（一）汽车维修专业

1. 汽车维修专业负责人：×××

2. 课程负责人：

（1）汽车维护：×××；

(2) 汽车底盘故障检测与维修：×××；
(3) 汽车底盘故障诊断与排除（高级工）：×××；
(4) 汽车空调故障检测与维修（中级工）：×××；
(5) 汽车空调故障诊断与排除（高级工）：×××；
……

（二）汽车电器维修专业
1. 专业负责人：×××
2. 课程负责人：
(1) 汽车维护（中级工）：×××；
(2) 汽车维护（高级工）：×××；
(3) 汽车底盘故障诊断与排除（中级工）：×××；
(4) 汽车底盘故障诊断与排除（高级工）：×××；
……

（三）汽车钣金与涂装专业
1. 专业负责人：×××
2. 课程负责人：
(1) 汽车维护（中级工）：×××；
(2) 汽车维护（高级工）：×××；
(3) 汽车底盘故障诊断与排除（中级工）：×××；
(4) 汽车底盘故障诊断与排除（高级工）：×××；
……

【案例二】

××学院电气工程系
全面推进一体化课程教学改革工作具体方案

为落实学院《关于印发〈全面推进一体化课程教学改革工作方案〉通知》的文件精神，提出以下工作方案。

一、现状

电气工程系现有电气自动化设备安装与维修、电子技术应用、工业机器人应用与维护、楼宇自动化设备安装与维修、数控机床装配与维修五个专业，电气自动化设备安装与维修专业、数控机床装配与维修专业、电子技术应用专业和工业机器人应用与维护专业可以在系颁发的人才培养方案和一体化工作页基础上进行修改；楼宇自动化设备安装与维修需要全新开发人才培养方案和一体化工作页。

二、时间节点要求

第一阶段：下学期第 10 周前，有基础的专业（参加过技工院校一体化课程教学改革试点、示范校和高技能建设的专业）修订完成人才培养方案（含课程体系）和一体化工作页。

第二阶段：下学期第 20 周前，无基础的专业（未参加过技工院校一体化课程教学改革试点、示范校和高技能建设的专业）开发完成人才培养方案和一体化工作页。

同时，2019 年 8 月 25 日前完成全部专业一体化工作页，教学资源在使用中开发和完善。

三、系部领导小组

组长：×××　　　副组长：×××

成员：×××、×××、×××、×××

四、具体工作安排

电气工程系一体化课程教学改革工作安排表

| 序号 | 专业 | 人员安排 | 工作内容 | 成果 |
| --- | --- | --- | --- | --- |
| 1 | 电气自动化设备安装与维护 | 专业负责人：×××<br>组员：×××、×××、×××、×××、××× | 1. 2019 年 1 月成立一体化课程教学改革小组，确认专业负责人和小组成员名单。<br>2. 2019 年 1 月对本地区相关企业和行业进行调研。<br>3. 2019 年 2 月—2019 年 3 月编写电气自动化设备安装与维修专业的人才培养标准及一体化课程规范。<br>4. 2019 年 3 月召开电气自动化设备安装与维修专业人才培养标准及一体化课程规范审定会。<br>5. 2019 年 4 月组织相关教师参加学习工作页的开发培训。<br>6. 2019 年 4 月—2019 年 5 月依据电气自动化设备安装与维修专业的人才培养标准及一体化课程规范开发中级工相关课程的学习工作页。<br>7. 2019 年 5 月组织专家组成员对电气自动化设备安装与维修专业中级工的学习工作页进行审定。<br>8. 2019 年 6 月—2019 年 7 月依据电气自动化设备安装与维修专业的人才培养标准及一体化课程规范开发高级工相关课程的学习工作页。<br>9. 2019 年 7 月组织专家组成员对电气自动化设备安装与维修专业高级工的学习工作页进行审定。<br>10. 2019 年 9 月开始对 C 类班级实施一体化教学 | 1. 2019 年 3 月完成人才培养方案及一体化课程规范。<br>2. 2019 年 5 月完成中级工的学习工作页。<br>3. 2019 年 7 月完成高级工的学习工作页 |

(续)

| 序号 | 专 业 | 人员安排 | 工作内容 | 成 果 |
|---|---|---|---|---|
| 2 | 数控机床装配与维修专业 | 专业负责人：×××<br>组员：×××、×××、×××、×××、××× | 1. 2019年1月成立一体化课程教学改革小组，确认专业负责人和小组成员名单。<br>2. 2019年1月对本地区相关企业和行业进行调研。<br>3. 2019年2月—2019年3月编写数控机床装配与维修专业的人才培养标准及一体化课程规范。<br>4. 2019年3月召开数控机床装配与维修专业人才培养标准及一体化课程规范审定会。<br>5. 2019年4月组织相关教师参加学习工作页的开发培训。<br>6. 2019年4月—2019年5月依据数控机床装配与维修专业的人才培养标准及一体化课程规范开发中级工相关课程的学习工作页。<br>7. 2019年5月组织专家组成员对数控机床装配与维修专业中级工的学习工作页进行审定。<br>8. 2019年6月—2019年7月依据数控机床装配与维修专业的人才培养标准及一体化课程规范开发高级工相关课程的学习工作页。<br>9. 2019年7月组织专家组成员对数控机床装配与维修专业高级工的学习工作页进行审定。<br>10. 2019年9月开始对GW类班级实施一体化教学 | 1. 2019年3月完成人才培养标准及一体化课程规范。<br>2. 2019年5月完成中级工的学习工作页。<br>3. 2019年7月完成高级工的学习工作页 |
| 3 | 电子技术应用专业 | 专业负责人：×××<br>组员：×××、×××、×××、×××、××× | 1. 2019年1月成立一体化课程教学改革小组，确认专业负责人和小组成员名单。<br>2. 2019年1月对本地区相关企业和行业进行调研。<br>3. 2019年2月—2019年3月编写电子技术应用专业的人才培养标准及一体化课程规范。<br>4. 2019年3月召开电子技术应用专业人才培养标准及一体化课程规范审定会。<br>5. 2019年4月组织相关教师参加学习工作页的开发培训。<br>6. 2019年4月—2019年5月依据电子技术应用专业的人才培养标准及一体化课程规范开发中级工相关课程的学习工作页。<br>7. 2019年5月组织专家组成员对电子技术应用专业中级工的学习工作页进行审定。<br>8. 2019年6月—2019年7月依据电子技术应用专业的人才培养标准及一体化课程规范开发高级工相关课程的学习工作页。<br>9. 2019年7月组织专家组成员对电子技术应用专业高级工的学习工作页进行审定。<br>10. 2019年9月开始对C类班级实施一体化教学 | 1. 2019年3月完成人才培养标准及一体化课程规范。<br>2. 2019年5月完成中级工的学习工作页。<br>3. 2019年7月完成高级工的学习工作页 |

说一说：以上两份《全面推进一体化课程教学改革工作具体方案》，你觉得哪份更好？请说出你的理由。

_____
_____
_____
_____
_____

### 三、实施写作

请你帮杨明制订工作人员培训计划。

**写作提示：**

先用思维导图列出培训计划的目的和任务（解决"要做什么"的问题），措施和办法（解决"怎样去做"的问题），步骤和时间（解决"什么时候完成"的问题）。在做计划的过程中，需要不断与上级部门和场地提供方对以上事宜进行沟通。

### 四、任务评测

对任务实施的完成情况进行检查，并将结果填入表1-4。

表1-4　任务测评表

| 评分内容 | 完整、明确、可行 | 较完整 | 不完整 | 备　注 |
| --- | --- | --- | --- | --- |
| 计划的格式是否完整 | | | | |
| 计划目的表述是否明确 | | | | |
| 计划的措施是否可行 | | | | |
| 计划的时间地点等要素是否明确 | | | | |

 想一想，练一练

1. 为什么我们需要制订目标？
2. 如何理解"成功＝明确目标＋详细计划＋马上行动＋检查修正＋坚持到底"？
3. 下面的表格式计划，只写出了活动项目，请补充表1-5中的其他内容。

表1-5　汽车电器维修08C1班第4学期学生活动工作计划表

| 主题（活动项目） | 时　间 | 地　点 | 负责人 | 经　费 | 用　途 | 具体内容 |
| --- | --- | --- | --- | --- | --- | --- |
| 主题班会 | | | | | | |
| 班级春游活动 | | | | | | |
| 社区学雷锋活动 | | | | | | |
| 学院迎新晚会 | | | | | | |

4. 在工作过程中，常常需要进行计划。如当你检修一辆事故车时，针对该车辆，预先写好维修计划，是整理思路、理清维修逻辑的好办法。请结合你所学的专业，进行调研：预想一下你将来的工作岗位，在将来工作的岗位上需要做工作计划吗？需要做哪些类型的工作计划？要求怎么样呢？

 知识拓展

培训方案的撰写

培训方案是在完成培训需求分析的基础上，对具体培训内容的书面化建议。企业依照培训方案的设定，组织实施培训活动。一份合格的培训方案应该包含七部分内容：

### 1. 培训目标的设置

培训目标的设置需在培训需求分析基础上。员工未来需要从事的个岗位可为培训计划提供明确的目标和方向。有了目标，才能确定培训对象、时间、方法等具体内容。因此，在撰写培训方案时，第一步，要先写明培训目标是什么。

### 2. 培训内容的选择

培训内容根据培训目标的差异而呈现多样化，但是，一般来说培训内容包含三个层次，分别是知识培训、技能培训和素质培训。在撰写培训方案时，一定要注意根据培训对象的具体情况，有侧重地策划培训内容，通常，管理者倾向于知识培训与素质培训，一般职员倾向于知识培训和技能培训。

### 3. 培训资源的选择

培训资源可以分为内部资源和外部资源两类，内部资源包括组织的领导、具备特殊知识和技能的员工；外部资源是指专业培训人员、学校、公开研讨会或学术讲座等。根据培训内容确定在实际培训中可能使用到的资源，通常情况下，首推内部培训资源。

### 4. 培训对象的确定

培训内容是依据受培训者而定的，但在设计培训方案时，还应从已经确定的受培训者的角度来斟酌其是否适合受培训。一方面，要考虑这些人是否对培训内容感兴趣，如果没有积极性，要考虑适度减少这类人群的培训，因为可能影响培训效果；另一方面，要分析受培训者个性特点，注意培训的内容是受培训者后天可提高的知识和技能，而不是对受培训者的天性进行改造。

### 5. 培训时间的选择

培训时间的确定，并不像我们想象的那么随意。例如：许多公司往往是在时间比较方便或培训费用比较便宜的时候培训，但实际上，可能这个时候公司并不需要培训，反而增加了培训成本。许多公司会把培训活动设定在生产的淡季，以防止影响生产，却不懂得，因为没有及时培训而造成了大量次品、废品等质量事故的出现，反而付出更高的代价。一个优秀的管理者在确定培训时间的时候，不仅要考虑上述列举的问题，还要与培训相关的部门保持适时地联系。

### 6. 培训方法的选择

组织培训的方法有很多种，如讲授法、演示法、案例法、讨论法、视听法、角色扮演法等，为了提高培训的质量，在培训时可以根据培训内容、目的等因素，选择一种或多种配合使用。

### 7. 培训场所及设备的选择

培训场所包括教室、会议室、工作现场等。若内容为技能培训，则最适宜的场所为工作现场，因为许多工作设备是无法在教室或会议室使用的。培训设备包括教材、笔记本、笔、模型，有的还需要投影机、录像机、录音笔等。

# 任务四
## 函的写作

**学习目标**

**知识目标**

掌握函的定义、种类、基本格式及写作要求。

**能力目标**

掌握函的写作技巧，根据一定的材料，能够写出内容明确、用语得体、格式规范的函。

**情感目标**

明白函在人际沟通中的作用。

**工作任务**

培训是企业人力资源管理中的一项重要工作，有一个合适的培训场地，是成功开展培训工作的条件之一。本次任务的主要内容是请你代替杨明撰写一份商洽函向某学校租借教室解决新员工培训场地的问题。

**相关知识**

### 一、函的定义

函是平行机关、不相隶属机关之间互相商洽工作、通报情况、询问和答复问题、征询意见、向有关主管部门请求批准事项时使用的公文。

函作为公文中唯一的一种平行文种，其适用的范围相当广泛。在行文方向上，不仅可以在平行机关之间行文，而且可以在不相隶属的机关之间行文，其中包括上级机关或者下级机关行文。在适用的内容方面，它除了主要用于不相隶属机关相互商洽工作、询问和答复问题外，也可以向有关主管部门请求批准事项，向上级机关询问具体事项，还可以用于上级机关答复下级机关的询问或请求批准事项，以及上级机关催办下级机关有关事宜，如要求下级机关函报报表、材料、统计数字等。此外，函有时还可用于上级机关对某件原发文件作较小的补充或更正，不过这种情况并不多见。

## 二、函的类型

函的种类很多，可以按不同的标准进行分类。主要分类标准有：行文方向、性质、内容和用途等。比如，商洽函和询答函，发函和复函等。

### 1. 按函的行文方向划分

从函的行文方向上来看，可以将函分为发函和复函。发函是主动提出了公事事项的机关所发出的函，复函是为回复对方机关的发函而制发的函。

### 2. 按函的性质划分

按性质分，函可以分为公函和便函两种。公函用于机关单位正式的公务活动往来；便函则用于日常事务性工作的处理。便函不属于正式公文，没有公文格式要求，甚至可以不要标题，不用发文字号，只需要在尾部署上机关单位名称、成文时间并加盖公章即可。

### 3. 按函的内容和用途划分

按函的内容和用途分，函主要分为商洽函、询答函、批请函和告知函等。

（1）商洽函　即不相隶属机关之间商洽工作、联系有关事宜的函，如人员商调、联系参观学习等。商洽函包括标题、正文、落款三部分。

（2）询答函　即不相隶属机关之间相互询问和答复有关具体问题的函。询答函又可分为"询问函""答复函"。有些不明确的问题向有关机关和部门询问，用询问函。对机关和部门所询问的问题做出解释答复，用答复函。询答函涉及的多数是问题而不是具体的工作。

（3）批请函　即用于不相隶属机关之间请求批准和答复审批事项的函。批请函实际上也可以分为两种：①请批函，即请批函用于向不相隶属的主管部门请求审批事项；②审批函，即用于主管部门答复不相隶属机关单位的请批事项。

（4）告知函　即告知不相隶属机关有关事项的函。

## 三、函的特点

### 1. 平等性和沟通性

函主要用于平行机关、不相隶属机关之间互相商洽工作、询问和答复问题，体现着双方平等沟通的关系。

### 2. 灵活性和广泛性

一是行文关系灵活，除了平行行文外，还可以向上行文或向下行文；二是格式灵活。

### 3. 单一性

函的内容必须单一，一份函只宜写一件事项。

## 四、函与请示的区别

1）行文关系不同：函是平行文，用于不相隶属机关之间或向有关主管部门请求批准；请示是上行文，只能在有隶属关系的上下级之间运用。

2）复文处理不同：对函的回复用复函；对请示的回复用批复。

## 五、范文示例

**北京××超市总公司关于租借××商厦的商洽函**

北京××商厦：

  我公司为了扩大连锁超市的经营规模，进一步繁荣北京的商业市场，拟租借贵商厦五楼商场楼面，开设××超市××商厦店，望贵商厦能予以支持，贵商厦的具体要求我们将尽量满足。

  特此函达，请予函复。

北京××超市总公司<br>××年×月×日

## 六、函的结构和写法

函的结构一般包括标题、主送机关、正文、落款四个部分。

**（1）标题**

1）三要素式：发文机关 +（关于）事由 + 文种

如：宏远公司关于申请增列用电指标的函

通常可在事由前加上"请求""申请""商洽"（商请、商聘）等词语；复函则加上"同意"肯定性的表态用语。复函可在文种前加上"复"字，如：威能电力公司关于同意增列用电指标的复函。

2）四要素式（双介词）（复函）：发文机关 +（关于）事由 +（给）收文机关 + 复函

如：《威能电力公司关于同意增列用电指标给宏远公司的复函》《国务院办公厅关于悬挂国徽问题给湖北省人民政府的复函》。

**（2）主送机关** 函的行文对象一般情况下是明确的、单一的，所以多数函的主送机关只有一个。但有时内容涉及部门多时，也有排列多个主送机关的情况。

**（3）正文**

1）开头——主要用来说明发函的根据、目的、原因等。如果是复函，则先引用对方来函的标题、发文字号，然后再交代根据，说明缘由。常用"现将有关问题说明（函复）如下"等过渡。

2）主体——说明致函事项。无论是商洽工作、询问和答复问题，还是向有关主管部门请求批准事项等，都要用简洁得体的语言把需要告诉对方的问题、意见叙述清楚。

3）结语——"特此函达""特此函商""特此函询""特此函复"。

(4) 落款　发文机关印章、成文日期。请批函应同请示样标识"附注"，注明联系人姓名和电话。

任务实施

一、分析案例，回答问题

通过阅读分析《北京××超市总公司关于租借××商厦的商洽函》案例，回答以下问题。

1. 该函的发函原因：_____
_____。

2. 致函事项：_____
_____。

二、案例分析与点评

【案例一】

### 关于联系教师进修的函

××大学教务处：

　　首先让我们以××学校的名义，向贵处表示衷心的感谢。贵处过去为我校办学给予了很大的帮助。目前我校又面临一个很难解决的问题。

　　原来事情是这样的：我校开办不久，师资力量很差，决定派××位年轻教师到贵校旁听进修一年。我校已与有关部门多次商量，但××位教师进修住宿问题，至今也没有得到解决。提高教学质量的关键是师资，为提高我校教育质量，恳请贵处设法在贵校给解决住宿问题。但不知贵处是否有什么困难。如果需要我校给贵处办什么事情，请尽管提出，我校会竭力去办。再说一句，贵处如能解决我校进修教师住宿问题，我们以我校领导的名义向贵校领导深深地表示谢意。

　　致以崇高的敬礼

××学校（印章）<br>
2011 年 8 月 6 日

【案例二】

重庆××公司

关于选派员工到重庆××大学进修的商洽函

重庆××大学：

  我公司为了提高专业技术人员的业务水平和科研能力，拟定选派张××，王××，李××到贵校进修英语和计算机，员工进修费用由公司支付，望贵校能予以支持。

  特此函达，盼复。

重庆××公司（印章）<br>××年×月×日

以上两份商洽函你觉得哪份更好？请说出你的理由。

_____

_____

_____

_____

## 三、实施写作

请你代替杨明撰写一份向某学校租借教室的商洽函。

**写作提示：**

先用思维导图列出商洽函的事由，商洽的事项。在商洽的过程中，需要不断与上级部门和场地提供方对以上事宜进行沟通。

## 四、任务评测

对任务实施的完成情况进行检查，并将结果填入表1-6。

表1-6　任务测评表

| 评分内容 | 完整、明确、可行 | 较完整 | 不完整 | 备注 |
|---|---|---|---|---|
| 函的格式是否完整 | | | | |
| 发函原由的表述是否明确 | | | | |
| 商洽的事项是否可行 | | | | |

### 想一想，练一练

1. 函从内容来看，可分为_____、_____、_____、_____等。

2. 函的正文包括_____、_____和_____三部分。发函的结尾往往提出要求对方答复的请求，如"_____""_____"等；复函往往用"_____""_____"等作结尾用语。

3. 函适用于不相隶机关之间相互_____、_____、_____时使用的公文。

4. 下列情况不属于函使用范围的一项是（    ）。

　　A. 不相隶属机关商洽工作　　　　　B. 上下级之间询问和答复问题

　　C. 向有关部门请求批准　　　　　　D. 答复审批事项

5. 下列关于函的判断正确的一项（    ）。

　　A. 是机关之间使用的公文，大都可用公函来代替

　　B. 函都是一方向另一方主动发出的

　　C. 函在标题中要写明是"函"，还是"复函"

　　D. 无论公函便函，都应编上发文字号

# 任务五
## 总结的写作

### 学习目标

**知识目标**

掌握总结的种类、基本格式及写作要求。

**能力目标**

1. 会根据要求撰写总结。
2. 能分析具体的情境问题、解决具体问题。
3. 能搜集信息、分析信息，进行自主探究。

**情感目标**

1. 培养做完事及时进行总结的好习惯。
2. 树立明确的学习目标，提高学习效率。

### 工作任务

工作总结是做好各项工作的重要环节，通过它可以全面地、系统地了解以往的工作情况，可以正确认识以往工作中的优缺点，可以明确下一步工作的方向，少走弯路，少犯错误，提高工作效益。本次任务的主要内容是请你代替杨明撰写维修点试运营一年后的工作总结。

### 相关知识

#### 一、工作总结的含义

工作总结是一种回顾和思索的手段。当做了一个阶段的工作或完成某一项任务之后，进行回顾、检查和研究，找出经验、教训，并把它条理化、系统化，写出一些规律性的书面材料，就是工作总结。

## 二、工作总结的种类

根据不同的分类标准，可将工作总结分为许多不同的类型。

按范围分类：工作总结可分为个人总结、班组总结、部门总结、单位总结、行业总结、地区总结等。

按性质分类：工作总结可分为综合性总结、专题性总结等。

按时间分类：工作总结可分为月份总结、季度总结、半年总结、年度总结等。

按内容分类：工作总结可分为工作总结、思想总结、学习总结等。

## 三、工作总结的特点

### 1. 实践性

客观规律是通过"实践—认识—再实践—再认识"而获取的，只有发挥主观能动性，并投身到工作实践中，不断总结，才能求得规律。

### 2. 目的性

工作总结是人们对前一阶段工作实践的回顾，以便更好地去认识世界、解释世界，寻找规律，目的都是为了将来能动地去改造世界。

### 3. 理论性

工作总结是对已做工作的回顾，但总结的目的和关键又不在于简单地回顾和反映，而是要进行深入的分析和研究，得出经验和教训，以指导今后的工作。

### 4. 业务性

一般来说，工作总结是本单位、本部门、本系统的人所共同关心的问题，它的业务性和技术性比较强，否则就"空"了。

## 四、工作总结的写作格式

工作总结由标题、正文和落款三部分构成：

### 1. 标题

标题一般要包括单位或制发机关名称、时间概念和文种类别"三要素"，但有时仅写时间概念和"总结"，而省略写单位名称。还有一种写法是使用"双标题"，用一句主题词作正标题，用副标题标明单位名称、时间概念和文种类别。

### 2. 正文

正文一般依次写出下列四方面内容：第一概述某一阶段内的整个工作情况，包括工作背景、基础、成绩、效果等；第二写经验体会，包括具体的做法、事例、数据等；第三是存在的问题与不足，分析问题的产生原因；第四，今后的设想和努力方向。有时第三、第四方面的内容合在一起写。第二部分应写得最为详尽。正文的写作根据内容的复杂程度，可以分小标题分列陈述。各方面的内容，可以用先总后分的结构来写，也可并列展开；或按基本情况、主要成绩经验、问题及意见三大块来组织。

### 3. 落款写明作者、日期

如果在标题中或标题下已标明的,可省略。

## 五、工作总结的写作要求

1)吃透两头,即吃透上头和下头。吃透上头是指认清党和国家在一定历史时期的中心任务,深刻地领会党和国家的方针政策。吃透下头是指透彻地了解实际情况,掌握基层动态、群众思想感情等方面的具体材料。

2)实事求是,对过去的工作进行真实的记载,对成绩和缺点要一分为二、恰当估计。

3)确定重点,归纳突出的问题和主要经验,反映工作的本质和规律,凡与此无关的材料应舍弃,避免记流水账。

4)对大型的、复杂的总结要编写总结提纲。

5)条理要清楚,详简要适宜。

6)对初稿反复讨论、修改、补充,然后才能定稿。

## 六、工作总结的写作应注意的问题

### 1. 重视调查研究、熟悉情况

工作总结的对象是过去做过的工作或完成的某项任务,进行总结时,要通过调查研究,努力掌握全面情况并了解整个工作过程,只有这样,才能进行全面总结,避免以偏概全。

### 2. 热爱本职工作,熟悉业务

热爱本职工作,事业心强,是做好工作的前提,也是搞好总结的基础。写工作总结涉及本职业务,如果对业务不熟悉,就难免言不及义。

### 3. 坚持实事求是的原则

工作总结是对以往工作的评价,必须坚持实事求是的原则,是成绩就写成绩,是错误就写错误;是大错误就写大错误,是小错误就写小错误。这样才能有益于现在,有益于将来。夸大成绩,报喜不报忧,违反工作总结的目的,是应该摒弃的。

### 4. 重点在出经验,找规律

工作总结的最终目的是得出经验,吸取教训,找出做好工作的规律。因此,工作总结不能停留在表面现象的认识和客观事例的罗列上,必须从实践中归纳出规律性的结论来。

此外,还必须注意工作总结写作结构要遵循的三原则:全面、紧凑和精炼。

## 七、范文示例

2017年度精准扶贫工作总结

××区直机关工委

2018年1月

自全区开展精准扶贫工作以来，区直机关工委与区招商局、镇综治办等单位高度重视、积极响应，准确把握精准扶贫行动的核心内容和总体要求，深入学习贯彻党的十八届五中、六中全会精神和十九大报告精神，认真落实省、市、区精准扶贫会议精神，多次和帮扶单位负责人、帮扶干部一道进组入户，为困难户、脱贫户问诊把脉，多方争取支持，寻求脱贫门路。现将开展情况总结如下：

一、××镇龙寨村概况

龙寨村位于××镇中心地带，该村共有村民196户、人数855人，总耕地面积4366亩，人均5亩。该村产业主要以种植小麦、玉米为主，外加畜禽养殖和劳务输出。现脱贫户6户、困难户1户。该村虽没有建档立卡的贫困户，但整体并不富裕。其原因主要集中在：一是谋富思路不宽，增收门路窄，基本都是靠种地为生，且人多地少，部分村民靠外出打工维持生计；二是土地贫瘠，村里连年耕种，土地生产力透支，土壤贫瘠。三是信息闭塞，村民整体文化水平不高，思想观念跟不上，接受新事物新知识的能力不强，并且农村实用科学种养殖技术掌握率低。四是村集体经济薄弱，产业结构单一，农村致富能手少，科技力量跟不上，缺乏新思路新方法；个别家庭由于老弱病残等原因，经济收入来源少。

二、进展情况和主要做法

紧紧围绕"精准扶贫、精准脱贫"任务，扎实有效地开展工作。

1. 注重宣传引导，积极营造浓厚氛围。一是积极开展政策法规宣讲活动，采取一对一、面对面的方式进行宣传、动员和引导。开展集中宣讲2场次，入户宣讲50多人次。二是组织机关党员领导干部进村上党课。在龙寨村，由区绿化局党委书记从四个方面对"两学一做"制度化、常态化进行讲解，使机关、农村党员干部接受了深刻的党性知识教育。

2. 脱贫入户调研，全面掌握村情民意。在市、区"精准扶贫"会议结束后，由我单位牵头组织，各单位领导带头在第一时间深入帮扶村户调研座谈。帮扶单位和干部职工及时深入村户进行对接，并采取发放帮扶卡、问卷调查等方式，及时准确掌握帮扶村和帮扶户的基本情况、存在的问题和下一步打算，帮助理清发展思路、找准发展方向、选准致富产业、制订增收措施。截至目前，每名干部入户均在10次以上，干部入户对接率100%。

3. 找准增收路子，全力推动经济发展。各帮扶单位和干部在调研的基础上，为帮扶村制订了规划，帮扶干部为帮扶户制订了年度增收计划。各帮扶单位结合单位自身优势，重点围绕设施种植、设施养殖、基础设施建设等方面，找准帮扶村的立足点和切入点，提出了合理化发展建议。

4. 落实帮扶措施，切实帮弱助困。一是逢年过节送温暖。在春节来临之际，工委组织帮扶单位走访慰问帮扶户家庭。每到一户，都关切地询问他们的生产生活情况和身体健康状况，了解他们存在的困难和要求，向他们送上新春的祝福和节日的问候，并送去了米、面、油等慰问品，折合价值 3000 多元。二是送化肥助春耕。在春耕之际，全体帮扶干部开展了集中捐款活动，为帮扶农户购买了春耕化肥等物资，折合价值 4000 多元，有效缓解了困难群众的燃眉之急，增强了帮扶户增收致富的信心。三是获取信息送报刊。为进一步拓宽联系村的信息渠道，区机关工委充分发挥送刊下乡活动，坚持每周为龙寨村送去《人民日报》《法制日报》《甘肃经济日报》《金昌日报》《光明日报》各 1 份，帮助农民朋友能够及时知晓新政策、学习新知识、掌握新信息。四是积极开展"扶贫日"活动。在 10 月 17 日全国扶贫日来临之际，各帮扶单位走访慰问帮扶户，为他们送上大米、清油、牛奶等物资并开展政策宣讲。五是送政策谋发展。帮扶干部按照对接名单逐户走访了对接农户，与农户面对面交流，向他们宣传党和政府的优惠政策和农户贴息贷款等相关法律法规，并帮助有困难的农户申请农村救助基金。

5. "大走访、回头看"。全区"大走访、回头看"活动开展以来，龙寨村各帮扶单位干部本着不漏户、不缺户、不搞形式、不走过场的原则，逐户详细询问了农户的生产生活情况，认真填写了精准扶贫回头看入户登记表。对于长期不在村组居住的农户，则通过电话联系获取了真实信息。干部入户率达到 100%。同时，借助本次入户机会，为农户送去了老百姓最为关心的有关政策资料（低保评定、大病救助、临时救助、医保救助等），并进行了简要宣传宣讲。帮扶单位干部通过逐户走访讲解，为农户化解矛盾纠纷、疏导情绪、反映民意起到了积极作用。

6. 着力排忧解难，促进社会和谐稳定。在"精准扶贫"活动中，工委坚持矛盾纠纷抓早、抓小、抓苗头的原则，各帮扶部门通过开展"访民情、听民意、解民忧、办实事、促和谐"活动，耐心劝解、沟通和引导，对一些因土地征用、家庭纠纷、安全生产等方面引发的苗头性、倾向性问题逐一摸排化解，群众的情绪得以及时疏导。消除了各类不稳定因素，有力地促进了经济社会和谐稳定。

7. 注重强基固本，夯实基层党建基础。广大党员干部深入村组，帮助基层党组织健全组织体系，帮助村"两委"班子提高致富带富能力、凝聚群众能力和维护稳定能力，使基层党组织推动发展、服务群众、促进和谐的作用得到充分发挥。

8. 集中开展走访，确保数据精准。贯彻落实省委、省政府精准扶贫大数据管理平台建设工作，配合各相关行业部门按照全省精准扶贫大数据管理平台建设工作协调会议精神,在深入分析研究的基础上,抽调干部驻村开展精准扶贫及大数据采集录入工作,使大数据采录工作按时保质保量地完成。

三、取得的成效和经验

尽管我们做了大量的工作,取得了一定成效,但与省、市、区委的要求和人民群众的期望还有一定差距;我们深深感受到,"精准扶贫"是搞好全局工作促进广大农民群众增收致富、加快全面小康社会建设进程的重要途径,也是转变干部作风、推进固本强基的务实之策。要把"精准扶贫、精准脱贫"和"两学一做"学习教育制度化常态化活动紧密结合起来,找准工作着力点和突破口,突出精准扶贫,实现率先发展、率先脱贫。主要表现在以下几方面:

1. 为民服务意识显著增强。将"精准扶贫、精准脱贫"和"两学一做"学习教育制度化常态化活动、全区重点工作、转变工作作风等相结合,帮扶单位干部切实深入帮扶村户,及时准确掌握帮扶村和帮扶户的基本情况、存在的问题和下一步打算,帮助村组理清发展思路、找准发展方向、选准致富产业、制订增收措施,为困难群众捐款捐物,积极为帮扶户出点子、谋思路、讲政策、送信息、引资金,帮助群众解决难题和困难。帮扶户增收致富信心不断增强,领导干部工作作风明显转变,干部为民富民服务意识显著增强,为民办实事解难题力度不断加大。

2. 促进乡村发展意识明显增强。帮扶单位把开展"精准扶贫、精准脱贫"和"两学一做"学习教育制度化常态化行动与帮扶村经济发展结合起来,与改善民生结合起来,认真分析现状,抓住政策机遇,帮助帮扶村找准了发展路子,制订了近期、中长期发展规划,为乡村谋划发展的主动性、责任感明显增强。结合帮扶村实际,帮扶单位主动协助镇村协调争取项目,发展产业,帮助实施了农田水利、农村道路、环保、危房改造等项目。坚持以落实改善民生,促农增收为目标,全力攻坚协调,集中分工落实,重点在村容村貌整治、改善农村生产生活条件等方面下功夫,确保了帮扶成果、帮扶效果和经济效益最大化,有力地促进了各项工作有序开展。

3. 党群干群关系更加密切。帮扶单位干部深入村组开展惠农政策、种养殖技术、法律法规等知识宣讲,有效提高了群众政策法规的知晓率。通过开展听民声、访民意、集民智、理民事、解民忧、暖民心的走访活动,积极协调化解纠纷,维护当地稳定,在村干部的共同努力下,充分发挥村调解委员会的作用,化矛盾于萌芽,做到小事不出村,大事不出镇。与群众的感情不断加深,党群干群关系更加密切,有力地促进了社会的和谐稳定。

4. 农业和农村工作有序推进。坚持把促进农业和农村发展作为首要任务来抓,围绕设施种植、设施养殖和劳务经济三大支柱产业为中心。通过为困难群众提供技术、资金、信息服务和项目扶持,积极引导群众优化产业结构和种植模式,推进环境集中整治等重点工作,各项工作任务持续快速推进,富民兴村建设步伐不断加快,各项事业呈现出了良好的发展态势。

四、下一步工作打算

1. 开展爱心助学活动。对困难家庭学生，积极争取助学资金，进行力所能及的资助。帮助困难家庭困难学生完成小学至高中学业，不让孩子们输在起跑线上。

2. 发挥各帮扶单位优势扶贫。根据该村的自然条件和生产特点，动员部分单位成员到该村进行考察并与该村进行项目洽谈合作，资助该村加快发展农民增收项目。

3. 加强部门联系，帮助解决实际困难。积极与涉农部门沟通联系，帮助村民提升种养殖技能，提高生产效率。

## 任务实施

### 一、分析案例，回答问题

通过阅读分析《2017年度精准扶贫工作总结》案例，回答以下问题。

1. 该工作总结属于哪种类型的总结？
（1）按总结的范围划分属于＿＿＿＿＿＿＿＿＿＿＿＿＿＿＿＿＿＿。
（2）按总结的性质划分属于＿＿＿＿＿＿＿＿＿＿＿＿＿＿＿＿＿＿。
（3）按总结的时间划分属于＿＿＿＿＿＿＿＿＿＿＿＿＿＿＿＿＿＿。
（4）按总结的内容划分属于＿＿＿＿＿＿＿＿＿＿＿＿＿＿＿＿＿＿。

2. 该工作总结文章开篇包括哪些内容？＿＿＿＿＿＿＿＿＿＿＿＿＿＿
＿＿＿＿＿＿＿＿＿＿＿＿＿＿＿＿＿＿＿＿＿＿＿＿＿＿＿＿＿＿＿＿＿＿＿
＿＿＿＿＿＿＿＿＿＿＿＿＿＿＿＿＿＿＿＿＿＿＿＿＿＿＿＿＿＿＿＿＿＿。

3. 该工作总结正文是如何组织的？包括哪几方面的内容？哪一部分的内容写得最为详尽？
＿＿＿＿＿＿＿＿＿＿＿＿＿＿＿＿＿＿＿＿＿＿＿＿＿＿＿＿＿＿＿＿＿＿＿
＿＿＿＿＿＿＿＿＿＿＿＿＿＿＿＿＿＿＿＿＿＿＿＿＿＿＿＿＿＿＿＿＿＿。

4. 该工作总结的"取得的成效和经验"内容部分，列举了哪些具体事例和做法？
＿＿＿＿＿＿＿＿＿＿＿＿＿＿＿＿＿＿＿＿＿＿＿＿＿＿＿＿＿＿＿＿＿＿＿
＿＿＿＿＿＿＿＿＿＿＿＿＿＿＿＿＿＿＿＿＿＿＿＿＿＿＿＿＿＿＿＿＿＿＿
＿＿＿＿＿＿＿＿＿＿＿＿＿＿＿＿＿＿＿＿＿＿＿＿＿＿＿＿＿＿＿＿＿＿。

### 二、实施写作

请你帮杨明撰写维修点试运营一年后的工作总结。

**写作提示：**

先用思维导图列出工作总结正文的主要内容：基本情况、主要成绩及经验、问题及意见，条理清楚，详简适宜。

### 三、任务评测

对任务实施的完成情况进行检查，并将结果填入表 1-7。

表 1-7　任务测评表

| 评 分 内 容 | 完整、明确、可行 | 较完整 | 不完整 | 备　　注 |
|---|---|---|---|---|
| 工作总结的格式是否完整 | | | | |
| 客观反映实际情况是否明确 | | | | |
| 分析事实材料，归纳规律性观点是否可行 | | | | |
| 条理清楚，详简适宜 | | | | |

**想一想，练一练**

1. 为什么我们需要总结？
2. 适当总结在学习和工作过程中带来的重要性有哪些？
3. 完成思维导图，列出以下范文的主要写作格式及内容

××自治区储备局劳动人事处一九九八年工作总结

一九九八年是全面贯彻落实党的"十五大"精神的一年，我们在上级的正确领导下，深入贯彻"十五大"精神，坚持两个文明一起抓，加强领导班子的建设，加大干部人事制度改革的力度，抓好人才整体性资源开发利用以及岗位培训，提高干部队伍素质，为我区储备部门的经济建设，为实现改革开发的新突破，提供可靠的财力支持和组织保障。

一、认真开展机关思想作风和整顿工作……

二、领导班子和干部队伍的建设进一步加强……

三、加快干部人事制度改革的步伐，推进干部能上能下机制……

四、认真抓好基层管理制度……

五、组织开展物质储备知识竞赛活动……

六、加大岗位培训和继续教育力度……

七、加强对基层单位工资总额的宏观控制和政策指导……

过去的一年，我们取得了一定的成绩，但与上级的要求仍有差距，主要在于，思维方式和思想观念仍然滞后，跟不上形式的发展需要。

在新的一年里,我们将高举邓小平理论旗帜,深入贯彻党的"十五大"精神,以改革为动力,以改革促发展,开拓创新,不断攀登新台阶。

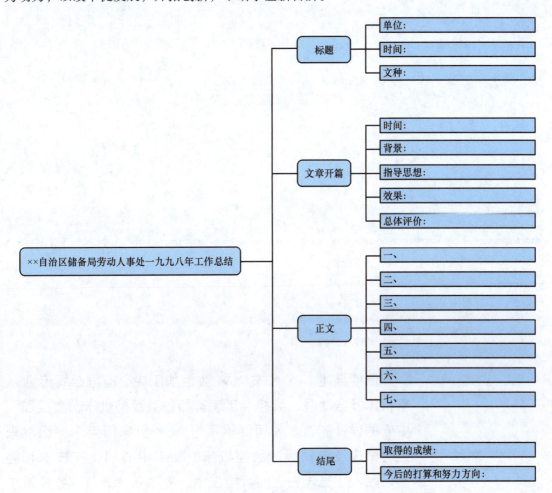

# 项目二
# 应聘文书的写作

情境描述：××市××数控加工中心有限公司专业从事机床及自动线、数控专用装备和各类数控机床、数控加工中心的设计制造。公司继承了原××机床厂半个世纪以来组合机床及自动线、数控机床、加工中心的生产技术和经验，融入了当代先进的数控技术、变频技术、IT、数控系统运行零件加工程序，以实现数控机床对零件的加工。目前，公司规模位居行业前列，技术含量高，是一家全球领先的专业从事数控技术的研发、制造与销售的高科技企业，年销售收入超过10亿元。

王明是××职业技术学院数字控制工程系数车专业的应届毕业生，他在××网站看到××数控加工中心有限公司招聘数控机床操作工的启事后，精心撰写了一封求职信及个人简历，投寄到公司人力资源部应聘，被顺利录用。若干年后，王明因出色的表现及突出的工作能力被提名车间主任候选人之一，他准备了一篇精彩的竞聘演讲词，最终打动了公司领导，将他升职为车间主任。

# 任务一
## 求职信的写作

 **学习目标**

**知识目标**
了解求职信的意义及其种类，掌握求职信的写作格式和基本要求。

**能力目标**
能够结合个人情况、专业及职业岗位特点，写出独具个性、格式规范的求职信。

**情感目标**
培养客观、自信、谦恭、积极向上的人生态度。

 **工作任务**

求职信是求职者个人为达到求职的目的写给用人单位，希望用人单位了解自己、录用自己进行自我介绍和自我推荐的专用书信。

本次任务的主要内容是请你代替求职者杨明根据招聘启事拟定一份求职信。

 **相关知识**

### 一、求职信的意义

#### 1. 给用人单位留下最初的印象
求职信的内容一般是介绍自己的经历、学习情况、专业特长等。用人单位只要看了求职信，便会对求职者有个初步印象，了解是否适合本单位工作的需要。

#### 2. 是求职者展示才华的途径
写好求职信是展示求职者才华的具体体现，如果求职信写得不清楚，文句不通，用人单位可以看出求职者能力较弱、素质不高；如果求职信写得好，就能给用人单位留下求职者的素质较高、能力较强的第一印象。

## 二、求职信的类型

按照求职意愿的不同,求职信可以分为自荐信和应聘信。

自荐信是求职人根据自己的条件和意向,在不能明确用人单位是否招聘人才、招聘哪方面人才的情况下,主动向可能聘用自己的单位陈述自己的职业技能和可以胜任的岗位,表达求职愿望时所写的书信。应聘信是在已获知用人单位正在招聘人员的情况下,主要根据招聘要求介绍自己的专业特长以及应聘理由,应聘某一岗位或职务所写的书信。

## 三、求职信的特点

### 1. 针对性

无论是单位总经理还是人事主管,每天的工作大都紧张繁忙,不可能有太多的时间阅读求职信。为了达到求职的目的,求职者要从用人单位和自身条件入手,认真、客观地分析自己的优势和劣势,要重点介绍自己跟所求岗位工作有关的长处和优点。

### 2. 自荐性

自荐性是指要恰当地推销自己。要让一个对你一无所知的人或组织,凭一封求职信就了解、信任乃至录用你,难度是很大的。要实事求是地自我推荐,用自己的成绩、特长、优势,甚至用自己的个性、自己的"闪光点"吸引对方,让用人单位在未曾谋面的情况下,获得一个良好的印象,产生心动的感觉。

### 3. 竞争性

想在激烈的竞争中取胜,要对用人单位的特点、求职岗位的要求、自身的条件进行具体的分析和归纳,要让用人单位产生"你才是这份工作的最佳人选"的感觉。

## 四、求职信的结构与写作概念

求职信是一种专用书信,必须按照书信的礼仪规则和格式行文。一般包括标题、称谓、正文、祝颂语、附件、落款、联系方式七部分内容。

### 1. 标题

首行居中书写"求职信"三个字。如果是针对应聘启事写的,可写成"应聘信"。在多数情况下,标题可省略。

### 2. 称谓

在标题下空一行,顶格写称谓。应根据用人单位的性质,选择恰当得体的称谓,一般写单位人事部门(人力资源部)名称。如"尊敬的人事部主任""尊敬的××部长",也可直接写单位或部门名称。

### 3. 正文

正文要另起一行,空两格开始写求职信的内容,一般分为三层来写。

(1) 开头部分通常说明写信缘由 首先简要介绍自己的基本情况,并说明你从何渠道得到用人单位的有关信息或招聘信息，最后要写明你要申请的职位。

(2) 主体部分重点陈述求职理由　要针对用人单位的特点、用人要求和你所了解的信息客观地介绍自己，侧重介绍你所特有的并且据之能为用人单位作出贡献的教育、技能和个性特征等，证明你的个人特质与应聘职位的匹配度。

在表达上，要简洁、得体，要善于运用事实来增强"自我推销"的说服力，做到条理清楚、详略得当。

(3) 结尾部分一般写明求职意愿　表达求职者的愿望和要求，如获职打算、希望得到对方肯定的答复、收到对方面试通知等。

### 4. 祝颂语

在结尾下另起一行空两格写"此致"，然后换行顶格写"敬礼"，或写"祝工作顺利""祝贵公司事业兴旺发达"等祝福词语。这两行均不需加标点符号。

### 5. 附件

求职信一般要随信附上有关资料和证件，如简历、身份证、毕业证书、获奖证书和有关证件、任职证明及学校的推荐信等的复印件。

### 6. 落款

署名写在结尾右下方，日期写在署名下方，要把年、月、日写全。

### 7. 联系方式

不附简历的求职信，一般在信的下方写明具体的联系方式，如通信地址、邮政编码、电话号码、电子邮箱等。

## 五、范文示例

### 求　职　信

尊敬的人事主管：

　　您好！我叫郑××，男，今年22岁，是××市技师学院五年制高职机电专业的学生，今年7月即将毕业。贵公司是我市知名机电企业，实力雄厚，重视人才，令人向往。能够成为贵公司中的一员，在适合自己的工作岗位上实现自己的人生价值，是我一直以来的梦想。

　　我在校期间学习了机械制图、电工技术、电子技术、电气制图、机械设计基础、机械制造基础、CAD、CAM、UG、电气控制、PLC可编程控制器原理与应用、液压与气压传动、光机电设备控制技术等多门专业课程，成绩优良。在近一年的生产实习中，又掌握了较过硬的基本功，我曾参加过校办电气工程队承包的3项电气工程建设，并获得"优秀实习生"的称号。我还参加了市职业技能鉴定中心的考试，先后获得电工中级工证书、计算机操作中级工证书、数控车工高级工职业资格证书等。五年中，我被评为校级"三好学生"6次，校级"优秀学生干部"3次，市级"三好学生"2次和市级"优秀学生干部"1次。

贵公司成立6年来，实力快速壮大，事业蒸蒸日上，重视人才、以人为本的管理方针更是闻名遐迩。作为一个有志从事机电行业的青年人，我希望能在贵公司得到锻炼成长。我不仅熟悉机电设备的理论知识，还掌握使用及维护设备的操作技能。而且还自修了数控专业的几门课程，可以承担数控机床的安装、检测和维修工作。因此我相信，通过不断的努力和学习，我能够在工作岗位上做出成绩。

本人身高1.74米，身体健康，是校篮球队的主力队员之一。平时喜爱动手制作，三年级时参加全市职业学校"小制作小发明竞赛"，获得学生组二等奖。我还参加过学校美术训练班的学习，常画刊头和插图，并具有较高的水平。我相信，到贵公司后，这些特长一定能够为贵公司的企业文化建设发挥一些作用。

好风凭借力，送我上征程。恳请贵公司能给我以面试的机会，让我将理想的种子播撒在贵公司肥沃的土地上，生根、开花、结果。随信寄上本人的相关资料，并时刻期盼着贵公司的回复。

　　祝
贵公司事业兴旺

××市技师学院应届毕业生　郑××<br>2018年1月18日

联系地址：本市××路××小区；　邮政编码：××××××
联系电话：××××××××；　　电子邮箱：××××××

## 任务实施

### 一、分析案例，回答问题

通过阅读分析《求职信》案例，回答以下问题。
1. 该求职信属于哪种类型的求职信？_____
2. 该求职者介绍了自己的哪些情况？
_____
_____
_____

3. 该求职信是从什么渠道了解用人单位的？
_____
_____
_____

4. 该求职信想应聘何职位？
_____
_____

5. 该求职者针对职业岗位，陈述了哪几个方面的求职理由？
_____
_____
_____

## 二、案例分析与点评

【案例一】

求 职 信

尊敬的领导：

  您好！

  首先感谢您关注我的求职信，感谢您为一位满腔热情的技校毕业生开启了一扇希望之门。

  我的名字叫×××，是××学校××届××××专业毕业生，来自××市，在校期间，孜孜不倦，勤奋刻苦，诚实守信，成绩优良，较全面、扎实地掌握了专业知识，熟悉了计算机的原理与构造，利用宝贵的实习机会了解了各式机床的操作，以及简单数控机床的编程及操作，能熟练应用各种机床操作系统。与此同时，我还通过了人力资源和社会保障部《办公软件》《计算机组装》等高级认证。另外，我还有计划地抽出时间去阅读各种书、杂志，力求尽可能地扩大知识面，紧跟上时代发展的步伐，不断吸取新知识。在不断学习的过程中，敬业成为了我的标签，诚信成为了我的人格基点，真诚成为了我的做人原则，爱心成为了我所拥有的最大财富，严谨求实成为了我的性格。

  我深知学习机会来之不易，朋友和家人对我的关爱铸就了我的淳朴、诚实、善良的性格，培养了我不怕困难挫折，不服输的奋斗精神。古语云：世有伯乐，然后有千里马。我不敢自认是千里马，但争做千里马的决心和信心一直鼓满心胸！我相信，给我一个发挥的舞台，我必能以出色的业绩来证明自己！

  随信附上简历和其他材料一份，期盼您的面试！

  最后衷心祝您工作顺利，事业蒸蒸日上！

  此致

敬礼

求职人：×××<br>××××年××月××日

【案例二】

应 聘 信

××服装有限公司：

　　前天接到我的老同学×××的来信，说贵公司公开招聘生产管理员。我是××学校企业管理专业的毕业生，在校读书时，学习成绩优良，爱好体育运动，是学校篮球队的成员。贵公司就在我的家乡，我想，调回家乡工作正合我的心意，而且生产管理员的职务，也和我所学的专业对口，不知贵公司是否同意，请立即给我回信。

　　此致

敬礼

陈××谨上<br>××××年××月××日

请问：

1. 这两封求职信欠缺些什么？应如何补上？
2. 哪些用语不够得体，应如何修改？

_____
_____
_____
_____

## 三、实施写作

请你帮杨明撰写一份求职信。

写作提示：

1）不宜太长，力求简洁，以500字左右为宜。

2）不宜有文字上的错误。切忌有错字、别字、病句及文理欠通的现象发生，要通读几遍，精雕细琢。

3）不宜"翻版"个人简历，切忌把自荐信写成个人简历的另外一种表述。

4）切忌在自荐信中写出"假如你是伯乐，……"之类的话。

## 四、任务评测

对任务实施的完成情况进行检查，并将结果填入表2-1。

表2-1　任务测评表

| 评分内容 | 完整、明确、可行 | 较完整 | 不完整 | 备注 |
|---|---|---|---|---|
| 求职信的格式 | | | | |
| 求职信的理由表述 | | | | |
| 求职信的附件 | | | | |
| 求职信的联系方式 | | | | |

**想一想，练一练**

1. 写作求职信的真正目的是什么？
2. 有人说附件就是附加上去的，对于求职信是可有可无的，你是如何理解的？
3. 病例分析的学习形式，可让同学们更好地掌握求职信的写法。请指出以下求职信语言表述失败之处，并将之改正。

1）"本人于×月×日要赴外地出差，敬请贵经理务必于×月×日前复信为盼。"

2）"本人谨以最诚挚的心情，应聘贵公司的会计师一职，盼望得到贵公司的尊重、考虑和录用。"

3）"贵公司的××总经理要我直接写信给您"或者"××部长很关心我的求职问题，特让我写信给您，请多关照。"

4）"现已有多家公司欲聘我了，所以请贵公司从速答复。"

**知识拓展**

求职面试中可能被问到的问题

面试因单位和岗位的不同而有很大差别，没有固定的形式、问题和答案。这里所列的只是常见的一些问题和回答的要点，仅供毕业生参考。

### 一、关于个人方面的问题

#### 1. 请介绍一下你自己

在面试前用人单位大多看过毕业生的自荐材料，对一些基本情况已有所了解，所以在自我介绍时要简洁，突出你应聘该公司的动机和具备什么样的素质可以满足对方的要求。

#### 2. 你有什么优缺点

充分介绍你的优点，但最好少用形容词，而用能够反映你的优点的事实来说话。介绍缺点时可以从大学生普遍存在的弱点方面介绍，如缺少社会经验等。但如果有不可隐瞒的缺陷，也不应该回避，如曾经受过处分，应如实介绍，同时可以多谈一些现在的认识和后来改正的情况。

3. 你是否有出国、考研究生等打算

很多毕业生在毕业时同时准备考研、就业和出国，先找工作，如果考研或出国成功就与用人单位解约。从用人单位的角度来说，招聘毕业生需要时间和费用，而且签约了一位毕业生就等于放弃了其他毕业生，所以在签约前许多用人单位会首先确认毕业生是否考研或准备出国。对此，毕业生应如实地表明态度，以免签约后产生纠纷。

二、关于学业、经历方面的问题

1. 你对自己的学习成绩满意吗

对成绩比较好的毕业生来说，这样的问题就很好回答。而那些成绩不太好的毕业生，则可以表明自己的态度，并给予一个合适的理由，但不能找客观原因，如"老师教得不好"，这样会显得你是推卸责任的人。同时，最好突出自己好的方面，以免让人觉得你一无是处。

2. 你如何评价你的大学生活

大学期间是职业生涯的准备期，既可以强调你的学习、工作、生活态度及取得的成绩，以及大学生活对你的影响，也可以简要提一些努力不够的地方。

3. 你担任过什么职务或参加过什么活动

可以介绍一下你的实习、社会调查、社团活动、勤工俭学等方面的情况以及取得的成绩，最好还能介绍你在这些活动中取得的实际工作经验对今后工作的重要性，这能说明你是一个善于学习的人。

三、关于单位方面的问题

1. 你了解我们单位吗

只要毕业生提前做些准备，从多种途径收集用人单位的信息，这样的问题就比较容易回答。如果答非所问或张口结舌，场面可能会很尴尬。

2. 你了解我们所招聘的岗位吗

毕业生针对这样的问题可以从岗位职责和对应聘者的要求两个方面谈起，很多毕业生在这样的问题面前手足无措，其实只要详细阅读单位的招聘信息就可以得到答案。

3. 你为什么应聘我们单位

毕业生可以从该单位在行业中的地位，未来的发展前景，自己的兴趣、能力等角度回答此问题。

4. 你是否应聘过其他单位

一般的单位都能理解毕业生同时应聘几家单位的事实，可以如实地回答，但最好能说明自己选择的次序。

## 四、关于职业方面的问题

### 1. 你找工作最重要的考虑因素是什么

可以结合你正在应聘的工作，侧重谈你的兴趣、你对取得事业成就的渴望、施展才能的可能性、未来的发展前景等。

### 2. 你认为你适合什么样的工作

结合你的长处或者专业背景回答，也许单位是结合未来的工作安排来提问，也许只是一般性地了解你对自己的评价，不要说不知道，也不要说什么都行。

### 3. 你如何规划你个人的职业生涯

毕业生在求职前一定要对这样的问题有所考虑，并不仅仅是因为面试时可能被问到，而是对这个问题的思考有助于树立个人目标。

## 五、其他方面的问题

例如，你有什么问题需要提出？有的毕业生愿意就"你们在我们学校招几个人""你们单位对毕业生有什么要求""什么时候给我们最终的答复"这样的问题进行提问。实际上很多单位在自己的招聘信息中已经对这些问题进行了详细的说明，如果提问这些问题只能表示你对招聘信息关注不够。毕业生可以就如果被公司录用可能会接受的培训、工作的主要职责等问题进行提问。

# 任务二
## 个人求职简历的写作

**学习目标**

**知识目标**

1. 认识什么是简历，了解求职信和简历的关系。
2. 掌握简历的规范格式和写作要求。

**能力目标**

1. 能够根据情境写出规范、得体的简历。
2. 培养学生能够收集、处理信息的能力。

**情感目标**

引导学生从现实的生活经历与体验出发，建立实事求是的职业责任心，培养学生的求职意识。

**工作任务**

无论是求职还是应聘，无论是通过人才招聘会还是职业中介机构求职，一份良好的个人简历对于获得面试机会至关重要。本次任务的主要内容是请你代替杨明制订一份求职简历。

**相关知识**

### 一、个人简历的概念

个人简历是对自己的生活经历，包括学历、工作经历等，有选择、有重点地加以概括叙述的一种写作文体。

### 二、个人简历的类型

个人简历有表格式、条文式。表格式条理清晰，一目了然，但难以细致展开；条文式不受限制、可自由取舍，但不如表格式清晰。不管是什么形式，一般都包括以下内容：

1. **基本情况**

姓名、性别、出生日期、民族、学历、政治面貌、身体状况、兴趣爱好、联系方式、照片等。

2. **求职意向**

即求职目标或个人期望的工作岗位。

3. **教育背景**

按时间顺序列出初中至最高学历的学校、专业和主要课程，所参加的各种专业知识和技能培训。

4. **工作经历**

按时间顺序列出参加工作至今所有的就业记录，包括公司（单位）名称、职务、就任及离任时间，应该突出所任每个职位的职责、工作性质等。

5. **社会活动和社会实践经历（社团经验）**

按时间顺序列出参加社会活动的记录和社会实践经历，包括活动的名称、组织活动的公司（单位）名称、所担任的工作、参加的时间等。

6. **其他**

个人特长及爱好、其他技能、专业团体、著述和证明人等。

### 三、个人简历的特点

1. **真实性**

简历是给企业的第一张"名片"，不可以撒谎，更不可以掺假，但可以进行优化处理，即可以选择把强项进行突出，将弱势进行忽略。比如一个应届毕业大学生，可以重点突出在校时的学生会工作和实习、志愿者、支教等工作经历，不单单是陈述这些经历本身，更重要的是提炼出自己从中得到了什么具有价值的经验，而这些收获能在今后持续发挥效用。如此一来，用人单位便不会用"应届生没有工作经验"为由而拒你于千里之外了。

2. **针对性**

制作简历时可以事先结合职业规划确定出自己的求职目标，做出有针对性的版本，运用专门的语言对不同企业进行求职递送简历，这样做更容易得到用人单位的认可。

3. **价值性**

把最有价值的内容放在简历中，无关痛痒的不要放在简历中，使用语言讲究平实、客观和精练，太感性的描述不宜出现。简历中尽量提供能够证明自己工作业绩的量化数据，比如拓展了多少个新的市场客户，年销售业绩达到多少万元，每年发表学术论文多少篇等。最好还可以提供能够提高职业含金量的成功经历，比如完成了一个很难的项目，拿下了一个很大的客户等。对于自己独有的经历一定要保留，在著名公司工作、参加培训、与著名人物接触等都可以重点突出处理。

4．条理性

将公司可能雇佣你的理由用自己过去的经历有条理地表达出来，最重点的内容有：个人基本资料、工作经历（职责和业绩）、教育与培训经历；次重要的信息有：职业目标（这个一定要标示出来）、核心技能、背景概述、语言与计算机能力以及奖励和荣誉信息，其他的信息可不展示，对于自己的最闪光点可以点到即止，不要过于详细，留在面试时再详尽地展开。

## 四、范文示例

**条文式简历：**

个人简历

基本情况：

| | |
|---|---|
| 姓名：陈×× | 性别：男 |
| 出生年月：1990年10月 | 政治面貌：团员 |
| 身高：176cm | 体重：60kg |
| 毕业院校：××市技师学院 | 专业：焊工 |
| 家庭住址：××市××路××小区 | 身份证号：××××××××××××××××× |
| 联系电话：13×××××××× | 电子邮件：×××@×××.com |

求职意向：

期望工作地区：长三角地区

期望单位性质：外资企业、民营企业

期望从事行业：电子电器、机械动力

期望职位性质：线长、制程检验员

期望薪资：月薪3000元左右

教育背景：2007年7月—2010年6月在××市技师学院焊工专业学习。

获奖情况：

1. 2007—2008学年第一学期，获得校级"三好学生"。
2. 2007—2008学年第二学期，获得校级"学习优秀生"。
3. 2009—2010学年第一学期，获得区级"优秀团干部"。
4. 2009—2010学年第一学期，获得市级"三好学生"。
5. 2010年3月，参加市人社局组织的技师学院学生焊接操作比赛，获得一等奖。

实习、培训经历：

1. 2008年5月，参加市技能鉴定中心组织的培训和考核，取得中级焊工证书。
2. 2009年8月，参加市技能鉴定中心组织的IPQC培训，取得结业证书。
3. 2009年9月至2010年6月，在××电子有限公司顶岗实习。

能力描述：

1. 能熟练使用Office办公软件。

2. 能使用多种测量工具及仪器，如扭力计、电参数、标准光源、变频电源、耐压测试仪、生产电器综合测试仪、生产线马达测试仪等。
3. 熟悉 QC 手法、ISO 基本知识、安全规程常识、6S 及品质管理各项作业流程。
4. 具有较好的沟通能力。

不足之处：学历有待提高，工作经验需要积累。

### 表格式简历：

| 姓名 | 李雷 | 性别 | 男 | 民族 | 汉 | |
|---|---|---|---|---|---|---|
| 专业名称 | 机电维修 | | 出生年月 | 2000年9月 | | 1寸照片 |
| 政治面貌 | 共青团员 | 学历 | 中专 | 身高 | 175cm | |
| 通讯地址 | ××省××市××区××路××号 ||||||
| 联系电话 | 13×××××××× | | E-mail | ×××@126.com |||
| 就业意向 | 电工、制图员、机加工 ||||||
| 技能证书 | 计算机中级工、维修电工高级工、钳工中级工、党训班结业证书 ||||||
| 教育经历 | 2009—2011 年就读于××初中<br>2011—2014 年就读于××高中<br>2014 年至今，就读于××××机电技师学院电气工程系机电维修专业，期间担任系学生会宣传部部长 ||||||
| 工作（实习）经历 | 2014—2015 学年寒假期间到超市做促销员<br>2014—2015 学年暑假期间到××公司生产车间做暑期工<br>2015—2016 学年在××公司进行为期三个月的机电维修综合实习 ||||||
| 获奖情况 | 2014—2015 学年第一学期："品德优良奖""电子技能竞赛"第一名；<br>2014—2015 学年第二学期："机械制图竞赛"第一名、"优秀团员"称号、"电子技能竞赛"第一名；<br>2015—2016 学年第一学期："全勤奖""电拖安装竞赛"第二名；<br>2015—2016 学年第二学期："优秀学生干部"称号、"电子技能竞赛"第二名"PLC 技能竞赛"第一名、"××市电工电子（电子装配）技能竞赛"第三名；<br>2016—2016 学年第一学期："优秀学生会干部"称号； ||||||
| 爱好特长 | 喜欢和人交往、有很好的自知自省能力，能认识、反省自身的过错，能乐观接受别人对我的不足和错误的批评和进行教导；动手能力很强，在老师和师兄的示范操作能快速记忆后操作，对未完成的任务会很执着地去完成；还有的是，喜欢羽毛球运动，对管理好集体人员较有经验。 ||||||

**任务实施**

## 一、分析案例，回答问题

通过阅读分析《个人简历》案例一，回答以下问题。

1. 该个人简历属于_____类型的个人简历。

2. 作者围绕_____和_____的职位，介绍了自己_____和_____的经历，描述了自己的_____，具有很强的针对性；同时也说明了自己的_____，实事求是，态度诚恳。

## 二、案例分析与点评

### 个 人 简 历

**个人概况**

姓　　名：吴××　　　　　　　性　　别：男

出生年月：1987 年 11 月　　　　出 生 地：××××

专　　业：工程管理（房地产）　毕业院校：××市科技学院

学　　历：应届本科　　　　　　政治面貌：共青团员

联系电话：135×××××××　　英语能力：一般

计算机能力：能熟练操作 Office 等常用办公软件

E-mail：××××@qq.com

**自我评价**

1. 本人自信，兴趣广泛，善于沟通，勤于思考，表达能力强，适应能力强，能吃苦，有耐心，灵活变通，有责任心，团队意识强。

2. 能够听懂××、××、××、××等地的方言。

3. 在校期间注重自身素质的全方面发展，主修了管理类、土木工程类、房地产估价等各方面的课程，学习成绩良好。

4. 大学四年担任班级生活委员，工作认真负责，能很好地完成学校上级布置的任务，并且积极参与学校组织的各种活动，包括科研立项、××省大学生暑期实践等，并获得了令人满意的成果。

**社会经验**

1. ××市中低收入家庭住房保障调查。

2. 参与了省级科研立项（××市廉租房住房保障制度的实施情况调查）。

3. 生产与管理实习（××投资顾问有限公司）。

4. 在校期间，每学期完成学校的实践课程，成绩良好。

5. 曾多次做兼职（家教，招生代理等）。

6. 房地产估价课程设计（我校图书馆投保评估报告）。

**培训经历**

2008年7月—2008年8月：××市××投资顾问有限公司

培训课程：项目策划，市调技巧方式，销售技巧方式

所获证书：优秀学员

培训地点：××市××投资顾问有限公司

**获奖情况**

1. 在校期间，荣获学校"社会实践奖""学习进步奖"与"学习优秀奖"。

2. 大三暑期社会实践，获评优秀团队、优秀实践报告。

回答问题：以上《个人简历》存在什么问题？请说出你的理由。

_____

_____

_____

_____

### 三、实施写作

请你根据求职信的范文示例为该求职者制作一份个人简历。

**写作提示：**

1. 整洁：简历一般应打印，保证简历的整洁性。

2. 简明：要求简历一般在1200字以内，让招聘者在几分钟内看完，并留下深刻印象。

3. 准确：要求简历中的名词和术语准确而恰当，没有拼写错误和打印错误。

4. 通俗：语言通俗晓畅，没有生僻的字词。

5. 要求内容实事求是，不卑不亢，表现自然。

### 四、任务评测

对任务实施的完成情况进行检查，并将结果填入表2-2。

表2-2 任务测评表

| 评 分 内 容 | 完整、明确、可行 | 较完整 | 不完整 | 备　注 |
|---|---|---|---|---|
| 个人简历的概念与特点 | | | | |
| 个人简历内容的表述 | | | | |
| 个人简历的写作方法 | | | | |
| 个人简历的写作标准 | | | | |

**想一想，练一练**

1. 案例一中个人的能力描述部分与其所学专业有什么联系吗？
2. 根据自己的实际情况制作一份求职简历（可参考下面的表格式简历来填写）。

| 姓名 | | 性别 | | 出生年月 | |
|---|---|---|---|---|---|
| 身高 | | 视力 | | 健康状况 | |
| 籍贯 | | 民族 | | 政治面貌 | |
| 毕业学校 | | 专业 | | 学历 | |
| 联系方式 | 电话 | | E-mail | | |
| 求职意向 | |||||
| 学习历程 | |||||
| 爱好特长 | |||||
| 课外活动 实践经历 | |||||
| 担任职务 | |||||
| 获奖情况 | |||||
| 自我鉴定 | |||||
| 学校推荐 意见 | |||||

 **知识拓展**

简历的投递渠道

### 一、招聘会的简历投递

利用招聘会现场的有利条件，与招聘人员积极沟通。想方设法了解企业的情况、某个岗位的具体职责、招聘要求等。在投递简历前可向招聘人员询问是否接收应届毕业生，然后对照自身条件、招聘要求考虑有无成功的可能性。

### 二、网络招聘的简历投递

#### 1. 有针对性地挑选网站

知名招聘网站的"校园招聘"频道、各地的高校毕业生就业服务网站、高校网站的"招生就业"频道、企业网站的"人才招聘"频道等，适合毕业生的岗位相对集中。

#### 2. 仔细筛选信息，做到有的放矢

网上的职位信息十分庞杂，要学会利用职位搜索器等工具过滤、筛选信息。留心考察每

条招聘信息的真实性和有效性。求职者必须仔细浏览招聘单位简介、招聘职位介绍、信息发布时间、有效期等，必要时还可登录该公司的主页了解更多相关信息。留意对方的用人信息及招聘要求，在全面详细地了解了招聘职位的信息后根据自己的实际情况投递出简历。

### 3. 选择合适的方式，第一时间投递简历

找到了合适职位后，最好按照招聘方要求的方式进行投递。有些公司会在网上公布格式统一的职位申请表，要求填写后发送；还有的公司不希望应聘者用附件形式发简历等。按照招聘方要求在第一时间投递简历，将会较为顺利地进入筛选程序，并抢占先机。

### 4. 忌向一个单位申请多职

在网络求职中，向一个单位同时申请多个职位，并不能表明你的能力超人，相反，用人单位会认为你非常盲目，没有自己的目标，缺乏主见。因此，向一家单位同时申请多个职位的做法不可取。

### 5. 主动询问应聘结果

尽可能了解招聘方的联系方式、联系人姓名，在简历投递后通过电话、邮件等方式积极主动与招聘方联系，询问应聘结果。

# 任务三
## 竞聘演讲词的写作

**学习目标**

知识目标

掌握竞聘演讲词的概念、特点及写作格式。

能力目标

1. 能够写出恰当得体的竞聘演讲词。
2. 能进行入职演说。
3. 培养当众发言的能力和勇于创新的精神。

情感目标

培养与人沟通、合作的能力,能够有理有力有节地说服他人。

**工作任务**

每一次竞聘都是一次好的人生机遇;每一次竞聘的成功,都将帮助你迈上一个更高的人生台阶。机会就摆在面前,你能够从众多竞聘者中脱颖而出吗?要想竞聘成功,一篇精彩的演讲稿是必需的。本次任务的主要内容是请你代替王明写一篇竞聘演讲词。

**相关知识**

### 一、竞聘演讲词的定义及作用

竞聘演讲词又称竞聘报告、竞争上岗演讲稿、竞聘书,是竞聘者在竞聘会议上向与会者发表的一种阐述自己竞聘条件、竞聘优势、对竞聘职务的认识以及被聘任后的工作设想的工作文书。它是应用文写作的重要文种之一。

针对某一岗位,以竞聘成功为目的,本着对个人、对单位负责的态度,面对听众介绍自己、展示自己、推荐自己。如何在竞聘中脱颖而出,关键是重视竞聘演讲稿的写作技巧,把握竞聘演讲稿的写作要求。

## 二、竞聘演讲词的特点

1）竞争性：凸显人无我有、人有我优、人优我特的竞争优势。
2）目的性：突出竞聘目的。
3）生动性：要吸引人，有口头宣传的作用。
4）自评性：要全面而公正地评价自己。

## 三、竞聘演讲词的写作结构及写法

竞聘演讲词通常由标题、称谓、正文、落款四部分组成。

（1）标题　一般包括竞聘的职务名称和文种等要素，如《综合秘书岗位竞聘演讲稿》《关于办公室主任一职的竞聘演讲稿》《竞聘编辑部主任一职的演讲词》，也可简写为《我的竞聘演讲》《竞聘演讲稿》《竞聘演讲词》等。

（2）称谓　根据不同的场合、不同的受众确定称谓，一般使用"尊敬的×××"的写法。

（3）正文　包括开头、主体和结尾三个部分。

1）开头要精彩。良好的开端是成功的一半，竞聘演讲的时间有限制，报告的开头必须简洁而又精彩，引起听众的注意。常见的开头方式有以下几种：

①感谢式。用诚挚的心情表达谢意，如"非常感谢公司给我这次宝贵的竞聘机会"。

②概述式。概括叙述自己应聘的岗位以及竞聘演讲的主要内容，如"今天我充满自信竞聘文秘岗位，凭之立足的基石是我十几年不懈的努力所掌握的知识和技能。现在我向各位考官简述我的基本情况以及对竞聘岗位的认识"，又如"今天我将坦诚地向各位领导、同志们陈述我应聘办公室主任所具备的优势，并提出我拟聘后的工作设想，请各位提出宝贵意见"。

③简介式。简要介绍自己的经历、性格特征，让听众对自己有初步的了解，如"我叫张××，2000年毕业于复旦大学新闻系，出身于农家、成长于复旦的我，既有农民的朴实，又有诗人的气质，自信能胜任新闻工作"。

2）主体要丰富。主体部分是竞聘演讲稿的重点，也是写作的难点所在，一般包括以下几方面的内容：

①陈述竞聘的主要优势。针对竞聘的岗位介绍自己的德、能、勤、绩，不是叙述自己工作时间的长短，而是突出和竞聘岗位相关的经历和业务能力。以积极的态度去描述，让听众认可你确实适合这份工作并具备不断发展的潜力。力求精要，切忌面面俱到，例如有一篇竞聘总经理助理的竞聘词是这样写的："做文秘，我已写作并发表过多篇作品；做驾驶员，已有20万公里的驾驶记录；做管理，我已具备多年的经营管理经验。"

②对应聘岗位职责的认识。竞聘前，要充分了解招聘单位和应聘岗位的情况，只有明确岗位职责，才能有的放矢地提出该岗位的工作目标、施政设想和打算。

一篇竞聘编辑部主任的演讲词是这样写的:"策划选题、组织稿件、编辑书稿是出版工作的关键环节,也是出版社工作的重中之重。编辑室是承担这一重任的基层组织,应起好以下三个方面的作用:桥梁作用——室主任要成为领导的助手,群众的知音;领导作用——组织本室成员积极开展工作,落实社里的计划;协调作用——既要协调本室工作,又要和其他部门相互协调,合理安排人力、时间,妥善安排好各项工作。"

③ 表明自己任职后的打算。竞聘者要紧紧围绕听众关心的热点、难点问题,切忌华而不实和故作卖弄之语,那绝对不能引起听众的好感。只有提出切实可行的措施,才能有效地提高竞聘的成功率。

一位竞聘某单位综合秘书岗位的竞争者是这样陈述对竞聘岗位的打算和思路的:"各位评委,如果我能竞聘成功,我会认真做好以下几方面的工作,真正当好局领导和办公室主任的助手。一是本着认真负责的办事作风做好日常事务工作,提高服务质量;二是凭借深厚扎实的理论功底当好参谋助手,服务领导决策;三是依靠良好的沟通能力和强烈的团队精神做好协调工作,确保政令畅通;四是发挥自己的计算机特长,规划我单位的信息化建设工作,提高我单位的形象和声誉。"

3)结尾要凝练。结束语要求画龙点睛,加深评选者对竞聘者的良好印象,从而有利于竞聘成功。常见的结尾方式有以下几种:

① 表达愿望式。表示加盟对方组织的热切愿望,展望单位的美好前景,期望得到认可和接纳。例如:"如能蒙贵公司不弃,有幸成为贵公司的一员,我将竭尽所学,为贵单位的发展贡献自己的一份力量。"

② 表明态度式。坦诚地表达自己参与这次竞聘的感受。例如:"参加这次竞聘,对我来说也是一个学习和提高的过程,是对自我的一种挑战,无论竞聘成功与否,我都将一如既往,堂堂正正做人,踏踏实实做事。"

③ 祈请支持式。表达自己对竞聘上岗的信心,恳请得到大家的支持和帮助。例如:"各位评委,请大家投我一票,我将交上一份让你们满意的答卷。"

(4)落款　竞聘者签名和写作时间。

## 四、范文示例

### 竞聘演讲词

各位领导,各位评委:

　　大家下午好!

　　心中充满阳光,脸上绽放微笑;用爱传递温暖,用心接触世界。这就是我,我就是武汉城市职业学院,12级心理咨询专业的一名应届毕业生。我叫毛××。今天我求职的方向是:小学心理健康教师。从事这一职业,我认为我具备以下优势:

第一，我所具备的知识结构是我坚实的后盾。大学期间，我努力学习，态度端正，取得了平均93分，最低85分的优异成绩，被评为校优秀学生标兵，荣获特等奖学金和国家奖学金，并被楚天都市报所报道。同时，我考得了心理咨询员职业资格证书、普通话等级证书和教师资格证书，还通过自考取得了教育学的本科学历，熟练地掌握了教育教学的相关知识和技能。

第二，实习、实践，使我积累了一定的心理健康教育工作经验。大二时我曾到武汉禧乐儿童康复中心，对那里的自闭症和脑瘫儿童做过两学期一对一志愿辅导。此外，我曾在白云小学实习，表现出色，得到了校方领导的认可，还参加了校内的许多心理知识宣传普及教育活动。

第三，自身的能力是让我自信的源泉。在校期间我曾任学校心理健康协会组织部长和社联干事以及学习委员的职务，同时在学院心理咨询室做了一年的勤工俭学，协助老师管理心理咨询室的日常工作，接待来访者，这些工作增强了我的责任心和服务意识，我的沟通与协调、组织与管理能力也得到了锻炼与提高。

武汉市长青第一学校以心理健康教育为渗透点，坚持"教学为中心、质量为生命、创新为灵魂"的指导思想，形成了"主体和谐，健康发展"的办学理念，希望自己能加入到贵校充满生机与活力的队伍中来，为贵校的发展贡献出自己的力量。同时，不断学习、更好地提升自我！请相信我的信心与诚意！

谢谢！

毛××

××年×月×日

 任务实施

## 一、分析案例，回答问题

通过阅读分析毛××的《竞聘演讲词》案例，回答以下问题。

1. 毛××具备哪些优势？

_____

_____

2. 他对应聘岗位职责的认知有哪些：

_____

_____

## 二、案例分析与点评

【案例一】

总经理助理竞聘演讲稿

尊敬的各位领导，各位评委，同事们：

  大家好！

  首先，我对自己能工作在移动通信公司——这样一个快节奏、高效率、充满生机与活力的企业里，感到十分荣幸；其次我要感谢省公司领导采取竞聘上岗的用人机制给了我这次可以充分展示的机会。我十分珍惜这次竞聘机会，无论竞聘结果如何，我认为能够参与竞聘的整个过程其本身就意义重大，并希望能通过这次的竞聘锻炼，使自己的工作能力和综合素质得到进一步提高。

  自然简历和工作情况：

  我叫×××，现年32岁，中共党员，现任公司综合部主任。我1996年7月毕业于省邮电学校通信电源专业。曾先后在×××邮电局、×××邮电局移动分局担任过线务员、机务员，1999年分营后在移动通信分公司实业公司任广告部经理，2001年6月调入×××移动通信分公司综合部任副主任，2003年4月聘为综合部主任至今。工作期间，还利用业余时间参加自学考试和函授，先后顺利修完吉林大学计算机通信专业的大专和通信工程本科课程，目前正在进修哈尔滨理工大学在职工程硕士研究生学位。

  在综合部任职期间，踏实工作，严格管理，整章建制，做了大量的基础工作，多次被评为先进工作者。2002—2006年连续五年组织召开了职代会暨工作会议，并负责组织起草会议文件；协助公司领导沟通协调内外部关系，成功完成2004年重组上市各种手续的变更；连续多年在后勤管理、车辆和安全管理方面无重大事故。2004—2006年公司连续三年获得省级重合同、守信用企业荣誉称号，2005年公司被评为省级档案管理工作标兵单位，我个人被评为省级档案工作突出贡献人才。

  我的竞争优势和弱势：

  我的优势：一是具有较好的年龄优势。我现年32岁，精力充沛，处于人生的黄金阶段，并具有较高的办事效率，对于工作能全身心地投入。我敢于创新、思想敏锐、可塑性强。善于接受新事物，适应新环境，并能根据实际情况，大胆设想管理方法和改革方案。

  二是具有较强的工作能力。在日常生活和工作中经常深入工作一线，不断培养自己的工作能力，自任办公室主任以来，努力发挥自己的特长，认真做好参谋决策、日常服务、沟通协调、信息传递等办公室工作，取得了一定的成绩。经过多年的学习和锻炼，自己的写作能力、组织协调能力、判断分析能力、领导部署能力都有了很大的提高。

三是具有较高的个人素养。我有较强的敬业精神，工作认真负责，有着严明的组织纪律性和吃苦耐劳的优良品质。我信奉诚实、正派的做人宗旨，坚持团结而不特立独行，尊重权威但不妄自菲薄，遇事懂得及时征求他人意见，能够与人一道，共同打造一个充满凝聚力和生命力的战斗团队。

四是具有丰富的实际工作经验。从1999年毕业后，先后从事过线路工程维修，通信电源维护，网络基站维护管理，广告宣传、策划管理，综合业务等工作，培养了我较强的沟通协调能力和丰富的协调内外部关系经验。

五是具有一定的综合事务管理、文秘管理能力。具有多年的综合部管理工作经验和文字综合能力，积累了许多丰富的管理知识，能较好地完成调查报告、经验材料、工作总结以及各种公文的写作任务。

我的弱势：一是学历起步低，中专毕业。但自参加工作以来我始终不忘记读书，勤钻研、善思考、多研究，不断地丰富自己，提高自己。目前，正在进修哈尔滨理工大学在职工程硕士研究生学位。

二是做事不够果断。因多年的管理工作和对外沟通协调关系，办事风格过于严谨，有时考虑事情过于复杂，想的方面过多，往往会根据以往经验怕出现纰漏，有点瞻前顾后，缺乏雷厉风行的作风。

三是市场实战经验薄弱。仅在1999年在实业公司做过广告管理和策划，后来就一直在从事管理工作，虽积累了一些市场理论和沟通协调关系的经验，但缺乏市场实战经验。

对所竞聘的岗位认识：

总经理助理既是管理者，同时又是执行者。肩负着上传下达的重要使命，不仅仅要协助分公司总经理根据省公司的总体规划和目标任务，合理制订分公司的工作计划、方案，同时要充分调动广大干部和员工的积极性，发扬团队精神，指导工作方案的有力实施。不仅要协助总经理协调好内外部关系，为企业发展营造良好的运营环境，还要深入基层，调查研究，与员工打成一片，及时了解员工的意见和建议，准确及时地向总经理反馈员工的呼声。

总经理助理要站在企业战略统一的高度，把企业利益、为领导分忧和为员工服务作为工作的出发点和落脚点。把"参与政务""管理事务""搞好服务"三大职能统筹兼顾，合理安排，要做到调研围绕市场转、协调围绕领导转、服务围绕客户转、决策围绕信息转。总经理助理除了具备较强的业务管理、决策分析等能力之外，还应该掌握一定的文字综合知识和较强的沟通协调能力，也就是说应该具备多方面的综合素质。

工作设想：

基于以上一些工作实践和经验，我对今天所参加的市总经理助理一职充满信心，下面我陈述一下我对集团客户的认识和工作设想：集团客户在我们的客户名单上占据着极其重要的位置——不仅在于其本身能够带来可观的业绩贡献，而且有利于提高个人客户的黏性和收入，有利于培养客户的消费习惯。通过集团V网，还可以很好地保证网内的个人客户不会轻易流失；同时，维护好集团客户，也有利于对新开发的个人业务和集团业务进行有效推广，提高集团收入。

一是在开发扩大集团客户市场的同时，应更注重集团客户的维系力度，应加大集团客户的服务和流程管理工作。

二是进一步细化集团客户经理分级。应建立一套合适的客户经理分级体制，包括工作分级、薪酬分级、考核分级、培训分级等。让最优秀的客户经理负责最重要的集团客户，并获得最佳的物质报酬。让新进的客户经理有职业发展的目标，有一个畅通的上升通道。建立科学的客户经理评级和考核制度，实现客户经理的能力与岗位、绩效与薪酬相匹配的原则。

三是进一步细化集团客户分类。应定期根据不同集团客户的规模、行业、贡献度等要素，重新调整集团客户类别，并根据a、b、c类集团客户的需求特征和重要性设计服务方式和服务内容。

四是通过现有服务渠道进行服务分流。目前，随着企业的高速发展，集团客户数量越来越多，除利用客户经理作为服务和营销的主渠道直接面对集团客户之外，应考虑更加广泛和灵活地利用营业厅、呼叫中心及合作伙伴等各类服务渠道，为集团客户打造一个全方位、立体化的服务体系，同时也可以减轻客户经理的工作压力，这一点在面对数量庞大、价值偏低而需求单一的c类集团客户时显得尤其重要。

这次，如果我能竞聘成功，我不仅只是把它当作对过去工作的认可，而是也要把它作为促我启航的鸣笛。我将不辱使命，全力以赴，牢牢把握"快、深、实"三个字，即：

进入角色要"快"。我要尽快地转换角色，更新观念，调整好自己的心态和工作方式，与公司领导形成合力，以一种崭新的视角看待问题，解决问题，使自己的所作所为能够从公司的战略出发，从公司的利益出发，从员工的利益出发。

学习知识要"深"。我会以强烈的紧迫感和责任感抓好学习，诚恳地以身边人为师，以互联网为师，自我加压，勤学好问，联系实际，善于总结，既要融会贯通业务知识，又要虚心采撷工作经验，尽快转化为自己实际的工作能力。

基础工作要"实"。总经理助理的主要工作出发点始于市场，最后的归宿也是落脚于市场，为此我一定会报着求真务实、锐意进取的态度，多深入市场，贴近用户，采集和整理第一手有用资料，为总经理科学决策提供事实依据。

如果这次竞聘我失败了,我也不会气馁,说明我离公司对我的要求还有一定的距离,这将促使我在以后的工作中,励精图治,努力学习,勤奋工作,一如既往地为公司的发展添砖加瓦。

最后,我要说的是:青春因理想而激昂,人生因执着而铿锵。

谢谢大家!

×××<br/>××年×月×日

【案例二】

竞聘上岗演讲稿

尊敬的各位评委、各位领导、各位同事:

大家好!

我竞争上岗的职位是办公室副主任。

首先感谢组织和领导为我提供了一次学习、锻炼和提高的机会,借此机会,向这些年来关心、帮助、支持、信任我的各位领导和同志们致以崇高的敬意。组织给了我公平竞争的机会,我就一定要珍惜它、把握它,充分认识自我、展示自我。

我叫×××,今年44岁,中共党员,1989年从江西省信息技术开发公司调入培训中心办公室工作。在中心工作二十年,与中心职工有着深厚的感情,与发改委的有关处室和兄弟单位有着良好的人际关系。我做过出纳工作并兼任过打字、管理办公用品、保管仓库物资等工作,从2004年开始从事会计工作。在1989年、1992年、2005年、2006年、2007年的年度考评中被评为优秀,2002至2005年被评为省发改委工会工作积极分子。在工作中勤钻研,善思考,多研究,不断地丰富自己、提高自己。通过学习于1999年取得电脑会计专业大专文凭,提高了自己的业务水平,于2002年取得经济管理专业本科文凭,提升了自己的管理素质。今天竞争办公室副主任的职位,我认为自己有实力参与竞争,也有能力胜任这份工作。我的优势是:

一、受党组织的培养和教育,具有一定的政治觉悟、思想品德与职业道德。坚持"三个代表"的重要思想,深入贯彻落实科学发展观,积极投身到中心开展的机关效能年活动中。坚持"实事求是"的原则,坚定"群众利益无小事"的信念。为人忠诚老实、光明正大,说老实话,办老实事,做老实人。敢于坚持真理,修正错误。光明磊落,忠于职守,谦虚谨慎,平等对待每一个人。在工作中尊重领导,团结同志,严于律己,宽以待人;在生活中艰苦朴素、吃苦耐劳,勤俭持家、不图虚荣、不讲排场、不摆阔气,和广大职工同甘共苦。

二、具有积极向上的事业心、高度负责的工作责任心和较强的工作适应能力，并具有一定的组织协调能力。我能干，在会计岗位从事多年，使我对中心的财务工作有了全面的了解，对财政拨款的事业运行经费做到心中有数，为领导合理地安排使用资金提供参考方案。每年都起草、报送申请培训专项经费的报告，并对报告的落实情况进行跟踪式查询，直至专项经费落实到位，以确保中心培训工作的顺利进行。我会干，但凡涉及中心财务或与资金有关的报告，都留下了我的字迹，2005年中心的编制由差额转全额后，到省财政厅办理事业经费全额拨款，到省公医办办理职工公费医疗证，都是由我经手办理。2008年中心添置办公设备，我起草申请专项经费报告，陪领导到省财政厅做工作，到委里办理追加政府采购预算，为中心改善办公条件流下了辛勤的汗水。我肯干，在满腔热情地做好本职工作的同时，还积极协助培训科办好每一期培训班，我认为培训中心就是以培训为重心，所有的工作都要围绕培训而展开，为培训工作助一臂之力，是我们中心的每一位同志都应该做的。

三、我有充沛的精力和健壮的体魄，又正是干事业的好年华。我既有专业知识，又有丰富的工作经验，本人兴趣广泛，思维敏捷，情感稳定，性格宽容大度；既有办事效率，考虑问题又细致周到；既有自己的观点，又能容纳不同意见；既能听得表扬，又能担当批评，具有良好的身体素质和心理素质。

实事求是地讲，在这次竞争上岗中，相信包括我在内的每位同志都对自己的进步充满憧憬。我本人也希望能获得成功，我有信心、有决心与同志们一道为中心的工作开创美好的未来，不辜负领导和同志们对我的期望。同时我也不断地告诫自己，作为一名党员，就要把自己的一切交给党和人民，接受组织和群众的挑选。我坚决服从工作需要和组织安排，无论结果如何，我都将以此为新的起点，更加严格地要求自己，以更优异的工作成绩回报领导和同志们的关心和厚爱。

谢谢大家！

×××

××年×月×日

以上两份《竞聘演讲词》，你觉得哪份更好？请说出你的理由。

_____
_____
_____
_____

### 三、实施写作

请你代替王明写一篇竞聘演讲词。

写作提示：

先用思维导图列出竞聘演讲的职位，自身具备的优势有哪些，对应聘岗位职责的认知以及任职后的打算。在写竞聘演讲词的过程中，演讲内容要考虑听众的需要，了解、研究听众的心理，使演讲的内容与听众接近和相容。

### 四、任务评测

对任务实施的完成情况进行检查，并将结果填入表2-3。

表2-3  任务测评表

| 评分内容 | 完整、明确、可行 | 较完整 | 不完整 | 备注 |
|---|---|---|---|---|
| 演讲词的格式是否完整 | | | | |
| 演讲目的表述是否明确 | | | | |
| 自身具备的优势表述是否明确 | | | | |
| 对应聘岗位的认知及任职后的打算等要素表述是否可行 | | | | |

想一想，练一练

1. 主体部分是竞聘演讲稿的核心，其常规的写作顺序一般为（    ）
A. 陈述竞聘优势→工作打算→阐述对竞聘职务的认识→展示施政目标。
B. 陈述竞聘优势→展示施政目标→工作打算→阐述对竞聘职务的认识。
C. 陈述竞聘优势→阐述对竞聘职务的认识→展示施政目标→工作打算。
D. 阐述对竞聘职务的认识→展示施政目标→陈述竞聘优势→工作打算。
2. 竞聘演讲稿开头的写作一般应做到（    ）
A. 曲径通幽    B. 欲扬先抑    C. 开门见山    D. 点面结合

#### 如何克服演讲的紧张情绪

首先，我们要建立一个认知，就是上台演讲、表演时的紧张是极普遍的问题，我也跟大家分享过自己如何克服演讲紧张的经验。世界上最著名的表演者、歌唱家、球员，都有这种"怯场"的压力，一旦成为众人注目的焦点，就会引发紧张情绪。所以先接受这个状况，明白这是一个普遍现象,并不是因为你内向胆小才会这样,再外向自信的人上了台,都会受到这种"怯场"的影响。全世界著名的男高音都会因为紧张而导致演出失常,多明戈的最高纪录是一场表演中声音暴了五次。所以人人会怯场,这其中最大的两个原因是:①准备不周全;②得失心太重。如果你知道上台紧张是一个普遍性的问题,就不必那么凸显自己的不行和困难,努力以平常心看待自己的紧张并接受它,一旦如此做了,你反而能和它和平相处。

要想有好的演讲能力,平日需要多准备、练习,不要只是私下偷偷练,要在人前光明正大地练,大方地邀请同学、朋友给你回馈,甚至请他们为你录音、录像,让你更有效客观地评估自己,做出有利的修正。逃避并非上策,不如把逃的力量用来加强自己,使自己能够迎头赶上!

演讲有许多不同类型,有专业的、大众的等,这些演讲在表达方式及内容上都有很不同的安排。演讲可以从练习中磨炼出自己的风格,不过最重要的还是回归演讲的目的,想要给听众表达什么?有没有达到目标?演讲前好的心态和准备可以大幅度降低你的紧张,下面的几个演讲技巧也会进一步帮助你克服紧张情绪。

### 一、你所需要具备的心态

1. 要坚信人人都可以成为一个优秀的演讲者。有许多例子证明一个普通的演讲者经过练习,完全能够成为优秀的演讲者。

2. 要理解你的听众都希望你成功,他们来听你的演讲就是希望能听到有趣的、有意义的、能刺激和提升他们思想的演讲。

3. 对自己没有信心或没有兴趣的演讲,如果能推掉就尽量推掉。

### 二、你需要做的演讲练习工作

1. 多做练习是最好的准备。你心里的自信越高,你的表现就会越好。

2. 练习时,请亲人和朋友作为观众,然后给予你回馈。如果没有亲人朋友,一面镜子或你的宠物都可以成为你的听众,尽量想象自己就站在听众面前。

3. 录音录像,然后通过自我批评实现进步。每一次演讲至少练习两次,最好一直练习到滚瓜烂熟为止,要确定能够在时限之内讲完。

4. 如果你会大脑一片空白,那就准备一份讲稿,多次练习。

5. 如果你仍然担心,那就把你的笔记带进场,万一忘记可以当场查看你的笔记。

6. 如果你还担心,那就把你的演讲写出来,然后现场念。

### 三、演讲前你需要做的工作

1. 如果可能,在上台前先和前面几排的听众聊聊天。一方面,可以让局面更友善,帮助你减轻压力;另一方面,也可以多给你几个和善的脸让你讲得更轻松。

2. 如果你担心讲得不够激情,演讲前多喝几杯咖啡——但如果喝多了会发抖,那就不要喝了。

3. 在上台前做深呼吸可以降低血压和澄清头脑。也请参考大脑体操中的交叉动作，有意识地借由放松伸展动作，让左右脑进入较佳的整合。

4. 通过做脸部动作放松脸上的肌肉，比如张大再闭紧你的眼睛和嘴，不过千万不要被他人看到。

### 四、演讲时你尽量要做到

1. 如果讲到一半忘了演讲词，不要紧张，直接跳到下面的题目，很可能根本没有人注意到你的失误。

2. 停顿不是问题，不要总是想发声填满每一秒钟。最优秀的演讲者会利用间隔的停顿来把他的重点更清晰地表达出来。

3. 如果看听众的眼睛会让你紧张，那就看听众的头顶（听众不会发现的）。

4. 眼睛直视听众，可以随机地更换注视的对象。不要左右乱看，不要往上看，因为这会让你看起来不值得信任。

5. 如果看观众会让你感觉紧张，那么眼睛可以多看那些比较友善的或常笑的脸。

6. 演讲最好用接近谈话的方式进行，用简单的语句表达清晰的思路，不要太咬文嚼字。

7. 最好适当地使用肢体语言，做些手势，不要太死板。

8. 如果你会发抖，不要将纸拿在手上，因为纸会扩大你发抖的程度，而把手握紧成拳头，或扶着讲台。

9. 演讲时千万不要提到自己的紧张，或对自己的表现道歉，那只会让你更加失去自信。

10. 如果能在开场白时吸引到听众的兴趣，整场演讲便会变得更容易和顺畅。

# 项目三
# 公关礼仪文书的写作

情境描述：××汽车股份有限公司与嘉旺新能源电池厂合作生产制造的××牌新能源汽车在今年的全国新能源汽车产品质量评比中获得金奖。××汽车股份有限公司谨定于××年××月××日在凤凰饭店喜鹊厅召开庆功宴会。陆含作为庆功筹备组的成员，需要写好庆功宴会请柬并下发给厂里的各个车间，邀请厂里的车间领导及技术人员们参加庆功宴会。

金奖的获得离不开两个公司的通力合作，陆含所在的庆功筹备组需要写一封贺信给嘉旺新能源电池厂领导以恭贺与该厂共同获得金奖，同时需要写一封感谢信感谢嘉旺新能源电池厂领导及技术人员在合作过程中给予的支持和帮助。此外，还需要写一封邀请函，邀请嘉旺新能源电池厂主要领导一同参与庆功宴会。

# 任务一
## 请柬、邀请函的写作

### 学习目标

**知识目标**

掌握请柬、邀请函的种类、基本格式及写作要求。

**能力目标**

1. 会根据要求撰写请柬、邀请函。
2. 能分析具体的情境问题、解决具体问题。
3. 能搜集信息、分析信息，进行自主探究。

**情感目标**

体验感受具有一定人文内涵的请柬文化。

### 工作任务

在商务活动中，宴请别人是常有的事，能写出恰到好处的商务请柬、邀请函是商务交往中的重要技能，既能达到邀请的目的，又能彰显公司规范守礼的良好形象。本次任务的主要内容是请你代替陆含分别写一份请柬及邀请函邀请领导及技术人员们参加庆功宴会。

### 相关知识

#### 一、请柬、邀请函的意义

请柬是举办较为隆重的集会或活动时，为了表示对活动的重视和对客人的尊重而专门制发的一种邀请性质的礼仪文书。

邀请函也叫邀请信、邀请书，是举办重要活动，召开重要大会，邀请上级领导、协作单位、业务单位和有关人士参加的一种专用书信。

#### 二、请柬与邀请函的区别

邀请函、请柬都是邀请某人、某单位前来参加某项活动的文书，两者都具有会议通知的性质。二者的区别是，邀请函是邀请对方前来参加某项实质性的活动。所谓实质性活动，不同于例行的礼仪活动，而是指有具体的内容、事项，如学术讨论会、成果鉴定会、展销订货会、招投标项目等。这些活动一般时间不长、项目不多、程序不复杂，可以通过邀请函来详细说明。而纯粹礼仪性的、例行性的活动，则不宜用邀请信，发一张请柬即可。也正因此，邀请函往往需要对活动本身的作用、意义做介绍，而请柬只需用几句话点明活动或会议的名称、内容等即可。

### 三、请柬、邀请函的类型

请柬从形式角度分为卡片式、折叠式、竖式与横式等；从内容角度分为喜庆请柬、丧葬请柬、日常应酬请柬等。

邀请函分为两种：一种是个人信函，例如邀请某人共进晚餐、参加宴会、观看电影、出席典礼等；另一种是事务信函，一般是邀请参加会议、学术活动等。

### 四、请柬、邀请函的特点

#### 1. 请柬的特点

1）使用范围广泛。一般人际交往和组织关系中都应用广泛，如节庆、奠基、开业、联谊、娱乐、宴会、婚礼、展览等。

2）语言庄重雅致。表示主人对被邀请者的尊敬、重视和礼遇。

3）请柬有时也用作入场和报到的凭证。

#### 2. 邀请函的特点

1）礼貌性强。邀请事务使用邀请函表示礼貌。礼貌性是礼仪活动邀请函的最显著的特征和基本原则。这体现在内容上的赞美与肯定以及固定礼貌用语的使用上，强调双方和谐友好的交往。

2）感情诚挚。邀请函是为社交服务的专门文书，这使得它能够单纯地、充分地发散友好的感情信息，适宜于在特定的礼仪时机、场合，向礼仪对象表达诚挚的感情。

3）语言简洁明了。邀请函是现实生活中常用的一种日常应用写作文种，要注意语言的简洁明了，看懂就行，文字不要太多太深奥。

4）适用面广。邀请函使用于国际交往以及日常的各种社交活动中，而且适用于单位、企业、个人，范围非常广泛。

### 五、请柬、邀请函的写法及注意事项

#### 1. 请柬的写法及注意事项

（1）请柬的写法　请柬一般要写明以下几个方面的内容：

1）标题。在封面上写明"请柬"或"请帖"字样，并做些图案装饰；若请柬没有封面，"请柬"二字就写在第一行中间。有些请柬的标题还加事由，如《庆祝东方公司成立10周年请柬》。

2）称谓。另起一页（或一行），顶格写上被邀请的单位名称或个人姓名。个人姓名后面加上"先生""女士""总裁""主任""教授"等相应的称呼，称谓后面用冒号。如邀请夫妇两人，应将两人的姓名并列书写，加"伉俪"两字。

3）正文。写明邀请参加的活动内容，如座谈会、展览会、婚礼、生日宴会等，交代举行活动的时间、地点及其他应知事项。正文末尾要写上"敬请参加""敬请届时光临""敬请光临指导"等敬辞。

4）结尾。请柬的结尾要有"具礼"，在正文后或下一行空两格写"此致"，转行顶格写"敬礼"，或写其他礼貌用语。

5）落款。在正文的右下方，写明邀请单位的名称或邀请者的姓名，下一行再写上发出请柬的时间。

(2) 请柬的写作注意事项

1）必须写明邀请的意向，活动的内容、时间、地点，以及需要提请被邀请者注意的有关事项（如签到着装、就座和资料领取等）。

2）活动时间必须根据各种因素精确设定，撰写时做到准确无误。日期后面加注的"星期×"，应特别认真加以核对，保证两者统一。

3）活动地点，必须写明具体场所（如××宾馆楼的××厅），并注明其所在建筑物的具体地址（如××路××号）。

4）结尾一般写上"敬请光临"等礼貌用语，并署发出邀请的社会组织全称和发出邀请的时间。

(3) 邀请函的写法　邀请函为书信体文书，一般由标题、称谓、正文、祝颂语、落款五部分组成。

1）标题。标题有两种写法，一是直接以"邀请函"为题；二是由活动名称和文种名构成，如"阿里巴巴集团年终客户答谢会邀请函"等。

2）称谓。顶格书写被邀请单位或个人姓名。个人姓名后应加职务、职称或"先生""女士"等相应的称谓。

3）正文。一般先写问候语"您好"等，在称谓之下另起一行书写。主体部分，说明邀请的事由和活动时间、地点，介绍活动安排的细节，并提出邀请。内容宜简短，措辞要热情、文雅、礼貌，宜用期盼性语言表达，突出"敬"意和"请"意，避免使用"务必""必须"等强制性词语。如果安排了参观和文艺活动，还须附上入场券；如有礼品赠送，应附上礼品券；如有宴会，应注明开宴时间及座席等。有的邀请函还要写明乘车路线、有无专人接送及其他应知事项。

4）祝颂语。根据邀请对象酌情示意，一般用"敬请光临""此致敬礼"等用语。

5）落款。在正文右下方署名，并标明发出邀请的日期。若为单位所发，还应加盖公章，并由邀请人签名。

(4) 邀请函的写作注意事项

1）被邀请者的姓名应写全，不应写绰号或别名。

2）在两个姓名之间应该写上"暨"或"和"，不用顿号或逗号。

3）应写明举办活动的具体日期。

4）写明举办活动的地点。

## 六、范文示例

请　柬

尊敬的李雷经理：

敝公司定于 2019 年 3 月 10 日（星期日）8：00—17：00 在上海瑞金大厦 3 号楼展览大厅举办现代家具贸易洽谈会。敬请届时光临。

　　此致

敬礼！

新大地公司<br>2019 年 2 月 18 日

阿里巴巴集团年终客户答谢会邀请函

尊敬的韩梅梅女士：

　　您好！

　　过往的一年，我们用心搭建平台，您是我们关注和支持的财富主角。

　　新年即将来临，我们网商大家庭即将再次快乐相聚。为了感谢您一年来对阿里巴巴的大力支持，我们定于 2019 年 1 月 10 日（星期四）14：00 在广州丽晶大酒店一楼丽晶殿举办 2018 年度阿里巴巴客户答谢会，届时将有精彩的节目和丰厚的奖品等待着您，期待您的光临！

　　此致

敬礼！

阿里巴巴集团<br>2019 年 1 月 1 日

 **任务实施**

## 一、分析案例，回答问题

　　阅读分析以上的《请柬》和《阿里巴巴集团年终客户答谢会邀请函》案例，回答以下问题。

1. 该《请柬》从内容角度分属于哪种类型的请柬？_____。
2. 《阿里巴巴集团年终客户答谢会邀请函》属于哪种类型的邀请函？
_____。
3. 《请柬》中邀请的对象和活动内容分别是：_____。
4. 《请柬》中活动的时间和地点分别是：_____
_____。
5. 《阿里巴巴集团年终客户答谢会邀请函》中邀请的对象和活动内容分别是：_____
_____。
6. 《阿里巴巴集团年终客户答谢会邀请函》中活动的时间和地点分别是：_____
_____。

## 二、案例分析与点评

【案例一】

请　柬

你好，张宾老师，我们特定于9月10举办师生联欢会，请你务必到场！

2018年9月8日

××技师学院学生会

【案例二】

请　柬

张宾老师：

　　一年一度的教师节即将来临，为表达全校学生的一片心意，特定于9月10日（星期一）晚八点在学院礼堂举办师生联欢会，会上将演出精彩文艺节目，并备有茶、果招待。敬请届时光临。

××技师学院学生会

2018年9月8日

　　以上两份《请柬》你觉得哪份更好？请说出你的理由。

_____
_____
_____
_____

### 邀 请 函

电气工程系李文老师：

  为了弘扬民族文化，丰富我院学生的业余文化生活，我院拟定于下周下午3点在学院礼堂举办文化达人知识竞赛，要求各校领导、老师积极参加。

  届时，您会了解到同学们深厚的文化底蕴，您会感觉到他们在文化交流时的激情与魅力，您更能感受到新一代学生在我们学院校园里的历练与成长。请您一定要按时光临！

  此致

敬礼！

2019 年 3 月 2 日<br>××技师学院

  上面这则邀请函，在语言、格式等方面有多处错误，请找出这些错误。

_____
_____
_____
_____
_____

## 三、实施写作

  请你帮陆含写一份请柬邀请厂里的车间领导及技术人员们参加庆功宴会。此外，还需要写一封邀请函，邀请嘉旺新能源电池厂主要领导一同参与庆功宴会。

  **写作提示：**

  先明确请柬和邀请函不同的写作格式，列出请柬及邀请函中不同的邀请对象，明确庆功宴会的举办时间和地点（××年××月××日、凤凰饭店喜鹊厅），按格式分别写好请柬和邀请信。

## 四、任务评测

  对任务实施的完成情况进行检查，并将结果填入表3-1、表3-2。

表3-1 任务测评表

| 评分内容 | 完整、明确、准确、得体 | 较完整、较明确、较准确、较得体 | 不完整、不明确、不准确、不得体 | 备 注 |
|---|---|---|---|---|
| 请柬的格式是否完整 | | | | |
| 请柬的邀请对象是否准确 | | | | |

（续）

| 评分内容 | 完整、明确、准确、得体 | 较完整、较明确、较准确、较得体 | 不完整、不明确、不准确、不得体 | 备注 |
|---|---|---|---|---|
| 请柬的时间地点等要素是否明确 | | | | |
| 请柬语言是否礼貌得体 | | | | |

表3-2  任务测评表

| 评分内容 | 完整、明确、准确、得体 | 较完整、较明确、较准确、较得体 | 不完整、不明确、不准确、不得体 | 备注 |
|---|---|---|---|---|
| 邀请函的格式是否完整 | | | | |
| 邀请函的邀请对象是否准确 | | | | |
| 邀请函的时间地点等要素是否明确 | | | | |
| 邀请函语言是否礼貌得体 | | | | |

 想一想，练一练

1. 为什么邀请他人时要递送请柬或邀请函，口头邀请可能会出现哪些问题？

2. 你的同事吴一凡准备在2019年3月18日（星期一）为父亲举办七十岁寿辰喜宴，地点在解放路16号的东坡酒楼，时间是中午12时。吴一凡想邀请父亲的老朋友张山先生参加喜宴，但他却不会填写请柬，请你代他填写完整如下请柬。

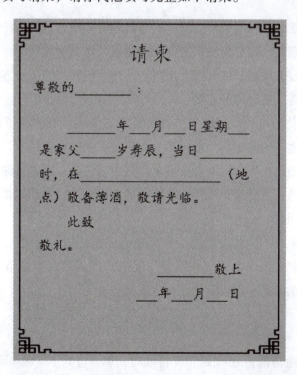

### 知识拓展

#### 一、请柬礼仪

请柬从一出现就被定义为礼仪文书，流传到现在还是国际通用的社交联络方式，所以要讲究送请柬的礼仪。

一定不要托人转送请柬，因为这样的行为是不礼貌的。根据传承，送请柬在古代是很讲究的，不论路途多远一般都会登门递送，以表达真诚邀请的意思。到了现代，请柬可以邮寄，但不可以托人转送。如果将请柬放在信封里的话那么不能封口，本来送请柬是邀请的意思，但又将口封住了，就有拒绝的意思了。

另外，请柬必须按照正确的格式来书写。如果周到的话还要将行走路线和乘车班次在请柬上注明。在请柬中一定要避免出现"准时"这两个字，本来是邀请的意思，注明"准时"的话就是命令口吻了，显然是对被邀请者的不尊敬，所以在请柬中一定不要出现这样的结语。

在古代一般被邀请者如果收到请柬后会复信或是写谢帖，去或者因故不能去都要以书面形式告知邀请人，这也是对他人表示的尊重。而回信的口气及文字更是字字斟酌、句句谨慎，为的就是怕产生误会。

#### 二、接受和拒绝邀请信的写法

受邀请而及时答复是起码的礼节。复信要写得热情、诚恳、简洁。对正式邀请，通常用第三人称答复，不用签名，文字简短；对非正式邀请，作书面答复时，通常用第一人称，要签名，而且要有一个较大段落，或分成几小段。其内容包括：感谢对方的邀请，愉快地接受对方的邀请，表示期待应邀赴约的心情。

婉拒（邀请）书信的写法：这种书信总的要求是要写得简洁明了而婉转，不给人被拒绝的感觉。对于正式邀请的谢绝，一般用第三人称写，或由秘书代写，不必签名；对于非正式邀请的谢绝，一般用第一人称写，并要签名。其内容包括：首先感谢对方盛情邀请，并对不能应邀赴约表示遗憾；然后简单陈述不能应邀的理由；最后表示相信今后一定会有机会见面，或向邀请人致以问候。

在公共关系活动中，不少社会组织在发出请柬或邀请信的同时，往往还夹有"回执"，以便及时掌握和统计能够出席会议（或活动、宴请）的人数。如是请柬或是发给较为确定的对象的邀请信，回执的文字比较简单，如范文：

请 柬 回 执

贵公司请柬（或邀请信）已收到。我将准时出席（　　）/因事不能出席（　　）本次会议（或活动宴请）。

　　特此回复。

　　　　　　　　　　　　　　　　　　　　　　　　　签名：
　　　　　　　　　　　　　　　　　　　　　　年　　月　　日

　　敬请填写后于×月×日前回寄××公司公共关系部（××路××号，邮编：××××××）。

# 任务二
## 贺信、感谢信的写作

**学习目标**

知识目标

掌握贺信、感谢信的种类、基本格式及写作要求。

能力目标

1. 会根据要求撰写贺信、感谢信。
2. 能分析具体的情境问题、解决具体问题。
3. 能搜集信息、分析信息,进行自主探究。

情感目标

对关爱和帮助过自己的人表达感激之情,有一颗感恩的心。

**工作任务**

贺信、感谢信是重要的礼仪文书,同时也是一种不可或缺的公关手段,商务活动中需要表达祝贺或感谢时不可避免要用到。本次任务的主要内容是请你代替陆含写一封贺信给嘉旺新能源电池厂领导,以及写一封感谢信感谢嘉旺新能源电池厂领导及技术人员给予的支持和帮助。

**相关知识**

### 一、贺信、感谢信的意义

贺信是表示庆祝的书信的总称,它是从古代祝词中演变而来的。

贺信是指党政机关、企事业单位、社会团体或个人向其他集体单位或个人表示祝贺的一种专用书信,它是日常应用写作的重要文体之一。贺信已成为表彰、赞扬、庆贺对方在某个方面所作贡献的一种常用形式,它还兼有表示慰问和赞扬的功能。

感谢信是向帮助、关心和支持过自己的集体(党政机关、企事业单位、社会团体等)或个人表示感谢的专业书信,有感谢和表扬双重意思。写感谢信既要表达出真切的谢意,又要起到表扬先进、弘扬正气的作用。它广泛应用于个人与个人之间，个人与组织之间，组织与组织之间，用于向给予过自己帮助、关心和支持的对方表示感谢。

感谢信与表扬信有许多相似之处，所不同的是感谢信也有表扬信的意思，但是重点在感谢。感谢信与表扬信有所不同，表扬信一般用于长辈受到小辈的帮助而来表示赞扬夸奖，也有感谢的意思；而感谢信则不分年龄辈分，重在感谢。

## 二、贺信、感谢信的类型

### 1. 贺信的分类

**（1）按祝贺内容来分**

1）工作方面的祝贺，如工作取得突出成绩，圆满完成了某项重大任务；重要工程的开工、竣工；科研项目的完成以及商场的开业等。

2）会议方面的祝贺，如重要会议的召开或胜利闭幕等。

3）节日的祝贺，侧重叙述节日的意义和如何以实际行动来祝贺这一节日。

4）日常生活中的祝贺，如贺婚、贺寿等。

**（2）按祝贺对象来分**

1）上级给下级的贺信、贺电。可以是节日祝贺，也可以是对工作成绩表示祝贺等。这类贺词，最后都要提出希望和要求。

2）下级给上级的贺信、贺电。这类贺词一般是对全局性的工作成绩表示的祝贺，此外还要表明下级对完成有关任务的信心和决心。

3）平级单位之间的贺信、贺电。一般是就对方单位所取得的工作成就表示祝贺，同时还可以表明向对方学习的谦虚态度，以及保持和发展双方关系的良好愿望。

4）国家之间的贺信、贺电。当有外交关系的国家新首脑就职或者友好国家有重大喜事时，一般要致贺词，这既是礼节上的需要，同时也是谋求双方共同发展、维护双方共同利益的方式。

5）个人之间的贺信、贺电。用于亲朋好友在重要节日、重大喜事中互相祝贺、慰勉、鼓励；或者祝贺某人在工作、学习中取得了好成绩，以分享快乐。

### 2. 感谢信的分类。

**（1）按感谢对象的特点来分**

1）写给集体的感谢信。这类感谢信，一般是个人处于困境时，得到了集体的帮助，并在集体的关心和支持下，自己最终克服了困难，渡过了难关，摆脱了困境，所以要用感谢信的方式表达自己的感激之情。

2）写给个人的感谢信。这类感谢信，可以是个人也可以是单位也可以是集体为了感谢某个人曾经给予的帮助或照顾而写的。

**（2）按感谢信的存在形式来分**

1）公开张贴的感谢信。这种感谢信包括可在报社登报、电台广播或电视台播报的感谢信，是一种可以公开张贴的感谢信。

2）寄给单位、集体或个人的感谢信。这种感谢信直接寄给单位、集体或个人。

### 三、贺信、感谢信的特点

#### 1. 贺信的特点

1）贺信是书信的一种，可按一般书信的格式写。

2）写贺信，要写清向谁祝贺，祝贺什么，为什么要祝贺等。有时还要向被祝贺者提出新的要求和希望，并写上表示祝贺的话。

3）贺信的用语要有鲜明的感情色彩，要使人感到温暖和愉快，受到鼓舞和教育。

#### 2. 感谢信的特点

1）感谢对象确指。感谢信都有确切的感谢对象，以便让大家都清楚是在感谢谁。

2）表述事实具体。感谢别人是有具体的事由的。

3）感情色彩鲜明。感动和致谢的色彩强烈鲜明，言语里充满感激之情。

### 四、贺信、感谢信的写法及注意事项

#### 1. 贺信的写法及注意事项

（1）贺信的写法　贺信一般由标题、称谓、正文、结尾和落款五部分构成。

1）标题。贺信的标题通常由文种名构成，如在第一行正中书写"贺信"二字。有的还在"贺信"的前面加上谁写给谁的内容，或者写明祝贺事由等。个人之间的贺信也可以不写标题。

2）称谓。顶格写明被祝贺单位或个人的名称或姓名。写给个人的，要在姓名后加上相应的礼仪名称，称呼之后要用冒号。

3）正文。贺信的正文要交待清楚以下几项内容：

第一，结合当前的形势状况，说明对方取得成绩的大背景，或者某个重要会议召开的历史条件。

第二，概括说明对方都在哪些方面取得了成绩，分析其成功的主观、客观原因。贺寿的贺信，要概括说明对方的贡献及他的宝贵品质。总之这一部分是贺信的中心部分，一定要交待清楚祝贺的原因。

第三，表示热烈的祝贺。要写出自己祝贺的心情，由衷地表达自己真诚的慰问和祝福。要写些鼓励的话，提出希望和共同理想。

4）结尾。结尾要写上祝愿的话，如"此致敬礼""祝争取更大的胜利""祝您健康长寿"等。

5）落款。写明发文的单位或个人的姓名、名称，并署上成文的时间。

（2）贺信的写作注意事项

1）贺信要体现的是自己真诚的祝福，是加强彼此联系、增强双方交流的重要手段，所以贺信要写得感情饱满充沛。冷冰冰的陈述、评价是表达不出贺者心愿的。

2）贺信内容要真实，评价成绩要恰如其分，表示决心要切实可行。不可空发议论，空喊口号。

3）语言要求精炼、简洁明快，不堆砌华丽辞藻；篇幅要短小精悍。

#### 2. 感谢信的写法及注意事项

（1）**感谢信的写法**　感谢信的结构一般由标题、称谓、正文、结语、落款五部分构成。

1）标题。感谢信标题的写法有以下几种形式："感谢信"——单独由文种名称组成的；"致×××的感谢信"——由感谢对象和文种名称共同组成的；"××街道致××剧院的感谢信"——由感谢双方和文种名称组成的。

2）称谓。写感谢对象的单位名称或个人姓名，如"××交警大队""刘自立同志"等。

3）正文。主要写两层意思，一是写感谢对方的理由，即"为什么感谢"；二是直接表达感谢之意。

第一，感谢理由。首先准确、具体、生动地叙述对方的帮助，交代清楚人物、时间、地点、事迹、过程、结果等基本情况；然后在叙事基础上对对方的帮助作贴切、诚恳的评价，以揭示其精神实质、肯定对方的行为。在叙述和评价的字里行间要自然渗透感激之情。

第二，表达谢意。在叙事和评论的基础上直接对对方表达感谢之意，根据情况也可在表达谢意之后表示以实际行动向对方学习的态度。

4）结语。一般用"此致敬礼"或"再次表示诚挚的感谢"之类的话，也可自然结束正文，不写结语。

5）落款。写感谢者的单位名称或个人姓名和写信的时间。

（2）**感谢信的写作注意事项**

1）要把被感谢的人物、事件，准确地叙述清楚。

2）要对所感谢对象的好人好事加以评价，突出其深刻含义，弘扬其崇高的精神。

3）感谢信的语言要符合双方的身份、年龄、职业、境遇等。

4）感谢的事项必须真实，字里行间所流露出的感激之情应是由衷的、真挚的，杜绝虚伪、应付、客套。

5）感谢信的格式要符合规范。

### 五、范文示例

**贺　　信**

亲爱的××等同学：

　　欣闻你们在"201×年全国职业院校技能大赛"中，以优异的成绩勇夺"网络综合布线技术"项目中职组一等奖第一名和"加工中心数控车团队"项目二等奖，为学院赢得了荣誉，谨向你们表示热烈的祝贺！

201×年我院在各级大赛中能够取得辉煌成绩，得益于技能优才常态培养、技能教学过程强化管理、加大保障力度等基础性工作，也与师生团结合作、奋勇争先的精神分不开。特别是此次参加全国技能大赛，信息工程系、机电工程系和有关部门齐心协力、精心组织，李强、周大新等老师言传身教、悉心指导，参赛同学刻苦努力、不畏强手、勇争第一，取得了历史性好成绩，为学校增添了光彩。这必将激励全校师生以新校区为工作起点，再创职业教育新的辉煌！

　　你们前途似海，来日方长，只要奋发，无可限量！衷心希望你们在未来的学习生活或工作中，继承和发扬"厚德强技、励志精业"的校训精神，进一步增强创新意识，投身创新实践，提高创新能力，蓄势期远，再创佳绩，为个人成长成才和学院高水平示范性中职校建设再谱新篇章！为国家和社会发展做出更大贡献！

校长王××

201×年×月×日

## 感谢信

尊敬的××公司王总：

　　您好！值此新春佳节来临之际，我谨代表××汽车股份有限公司的领导及全体员工向贵公司和您，致以新年最亲切的问候和最诚挚的祝福，感谢贵公司和您一直以来对我们的信任与支持！

　　凯歌高奏辞旧岁，豪情满怀迎新年。自2018年1月份以来，××汽车股份有限公司与贵公司携手合作，为我们的客户提供了更丰富的优质产品，赢得了不少客户的支持与认可。展望未来，我们将迎接一个充满激情与希望的2019年！

　　××汽车股份有限公司自成立以来，秉承"合作共赢"的宗旨蓬勃发展。公司的发展壮大，离不开您对我们的工作的理解和鼓励，能与您交流沟通，实现互利共赢、共同发展，我们也感到格外荣幸。您的关心与支持是我们成长的不竭源泉，您的参与与建议是我们前进征途的动力。有了您，我们前进的征途才有源源不绝的信心和力量；有了您，我们的事业才能长盛不衰地兴旺和发展。因此我们分外珍惜我们之间的这段缘分。

　　尊敬的王总，长风破浪会有时，直挂云帆济沧海！2019年，希望我们能继续友爱合作，携手而行，向着同一个目标，认真走好每一步，以努力与汗水浇灌明天，收获更大的成功与财富。

　　再一次感谢您的信任与支持！最后，恭祝您在新的一年里身体健康！阖家幸福！事业兴旺！万事如意！

　　此致

敬礼！

××汽车股份有限公司××经理××

2018年12月30日

任务实施

## 一、分析案例，回答问题

阅读与分析以上的案例，回答以下问题。

1. 该贺信属于哪种类型的贺信？
1）按祝贺内容划分属于_____。
2）按祝贺对象划分属于_____。
2. 该感谢信属于哪种类型的感谢信？
1）按感谢对象的特点划分属于_____。
2）按感谢信的存在形式划分属于_____。
3. 《贺信》中是祝贺对象是谁，祝贺什么？
_____。
4. 《感谢信》中感谢对象是谁，感谢对方的理由是什么？
_____。

## 二、案例分析与点评

【案例一】

### 感 谢 信

领导你好：

　　我的女儿去年因故残疾了。一年多来，老师和同学们给了她很多的帮助，非常感谢学校的老师。此致敬礼！

二〇一九年四月十八日<br>学生家长胡梅

【案例二】

### 感 谢 信

××技师学院领导：

　　您好！我的女儿在去年的一次车祸中，失去了左腿。一年多来，老师和同学们无微不致地关心她，给她补课，替她交作业。尤其是班主任董老师给她送来的"自强不息"的条幅，成了激励她奋斗的座右铭。在大家的鼓励和帮助下，我的女儿战胜了伤残，如今已能拄着拐杖走路了。她加倍努力地学习，成绩在班级名列前茅。我们全家向董老师和同学们表示衷心的感谢，并请学校领导给予表扬。

  此致
敬礼！

王小菊学生家长胡梅<br>2019 年 4 月 18 日

  以上两份《感谢信》，你觉得哪份更好？请说出你的理由。

_____
_____
_____
_____

### 三、实施写作

  本次任务的主要内容是请你代替陆含写一封贺信给嘉旺新能源电池厂领导，以及写一封感谢信感谢嘉旺新能源电池厂领导及技术人员给予的支持和帮助。

  **写作提示：**

  首先，仔细阅读任务情境，做到心中有数，了解核心内容和关键信息。

  其次，定位和筛选信息，并提炼信息，根据贺信及感谢信正文内容的要求，同学们可以依次提取如下信息：贺信对象是"嘉旺新能源电池厂领导"，贺信内容是"我厂与该厂共同获得金奖"，感谢对象是"嘉旺新能源电池厂领导及技术人员"，感谢信内容是"该厂在合作过程中给予我厂的支持和帮助"。

  再次，组织语言形成贺信、感谢信正文。然后，同学们可以按照格式要求，加上必要的格式语言，如"此致敬礼"再写上落款，写作任务就完成了。

  最后，检查核对，完成写作后，同学们还需要按照必要的流程核查一遍，主要注意两个方面的问题：一是确保格式符合要求，规范准确；二是语言符合文体、语体特点。

### 四、任务评测

  对任务实施的完成情况进行检查，并将结果填入表 3-3 和表 3-4。

表 3-3　任务测评表

| 评分内容 | 完整、清楚、准确、真诚 | 较完整、较清楚、较准确、较真诚 | 不完整、不清楚、不准确、不真诚 | 备注 |
|---|---|---|---|---|
| 贺信的格式是否完整 | | | | |
| 祝贺对象是否准确 | | | | |
| 祝贺理由叙述是否清楚 | | | | |
| 祝福是否真诚 | | | | |

表 3-4　任务测评表

| 评分内容 | 完整、清楚、准确、真挚 | 较完整、较清楚、较准确、较真挚 | 不完整、不清楚、不准确、不真挚 | 备注 |
|---|---|---|---|---|
| 感谢信的格式是否完整 | | | | |
| 感谢对象是否准确 | | | | |
| 感谢理由叙述是否清楚 | | | | |
| 感谢信语言是否真挚 | | | | |

 想一想，练一练

1. 感谢别人如果没有具体的事由，会出现哪些问题？

2. 贺词、感谢信的语言要符合双方的身份、年龄、职业、境遇。请通过小组合作、自主探究等方式解决问题：给老师、同学、同事、领导等不同的对象写贺词或感谢信时应该注意什么？

3. 下面这则感谢信，在语言、格式等方面有多处错误，请找出这些错误。

感 谢 信

我是××区一位做小本生意的村民王大贵。我于 4 月 28 日骑摩托车到市里进货，在行驶路途中不慎丢失了皮包。皮包内装有重要票据、身份证等各种资料，还有六千元的现金。你校学生黄忠在回家路上捡到并送到我家，把皮包还给我老婆，才回自己的家。

2019 年 5 月 29 日<br>××市××区村民王大贵

第一处：　　　　　　　　　　　修改：
第二处：　　　　　　　　　　　修改：
第三处：　　　　　　　　　　　修改：
第四处：　　　　　　　　　　　修改：

**知识拓展**

### 一、贺信、贺词、贺电的区别与联系

为庆贺重大胜利、喜庆节日、寿辰、重要会议等而写的文章、书信和电报，称为贺词、贺信和贺电。贺词一般是在隆重的集会上，当着受祝贺者的面宣读的。如果距离较远，则用贺信。如果要表示慎重，而且要快，则用贺电。贺信的写法与贺词基本相同。贺电与贺信、贺词的区别在于以极少的文字来表达祝贺的内容和祝贺者的感情。贺电还要发得及时，慢了就失去意义。

### 二、贺电的结构与内容

（1）贺电的结构由收报人住址姓名、收报地点、电报内容、附项四部分构成。拍发礼仪电报，要用电信局印制的礼仪电报纸按栏、按格写。

1）收报人住址姓名。先写住址—马路、街道、门牌号码；再写单位名称或个人姓名。

2）收报地点。填写省、市、县名，大城市可略写省名。

3）电报内容。先写祝贺的话，再写发报人地址姓名或发报单位地址名称。发报日期时间在电报中反映，电文中可省略。

4）附项。包括发报人签名或盖章、住址、电话号码。

（2）贺电的内容一般有标题、称呼、正文、结尾、落款五部分组成。

1）标题，可直接由文种名构成，即在第一行正中写"贺电"二字。有的贺电标题也可由文种名和发电双方名称共同构成，如"国务院致中国体操队的贺电"。有的还用副标题，即以发电单位、受电单位和文种作为主标题，而用副标题说明内容。

2）称谓。要写上收电单位或个人的名称、姓名，如果是个人的还应在姓名后加上"女士""先生"或职务名称等称呼。要顶格写，称呼后加冒号。

3）正文。贺电的正文要根据内容而定，若发给单位或某一地区庆祝活动的，宜在表示祝贺的同时，对其作出的各种成绩、取得的巨大成就给以充分肯定，并给以鼓舞，提出希望。一般私人之间的交往，则把内容放在祝贺上就可以了。

4）结尾。贺电结尾要表达热烈的祝贺和祝福之意，有的也提出希望。

5）落款。即在正文右下方署上发电单位或个人的姓名，并写上发电日期。

//项目四
//专题会议文书的写作

情境描述：忙碌的一年就要结束了，××汽车股份有限公司需召开一年一度的年会，为此，公司特别成立了年会策划小组，王一担任组长。为了保证年会的顺利召开，王一需撰写一份年会举办方案，方案得到小组讨论通过之后，由组内成员张明拟写会议通知并下发到公司各部门。在年会上，公司董事长需代表公司做年会致辞，策划小组需写作一份年会致辞讲话稿。在会议召开时，策划小组还应做好会议纪要。

# 任务一
## 会议方案的写作

### 学习目标

**知识目标**

掌握会议方案基本格式及写作要求。

**能力目标**

1. 会根据要求撰写会议方案。
2. 能分析具体的情境问题、解决具体问题。
3. 能搜集信息、分析信息,进行自主探究。

**情感目标**

1. 意识到会前沟通的重要性。
2. 养成细心、周到的职业习惯。

### 工作任务

公司的年会是对公司一年来工作业绩的一次汇报和总结,能够反映公司在过去一年中的收获,同时也能在会议中展望公司的未来。因此,成功举办一次公司年会,是公司良好形象的展现。为了让年会顺利召开,公司特别成立了年会策划小组,本次任务的主要内容是请你代替策划小组制订2018年公司年会方案。

### 相关知识

#### 一、制订会议方案的意义

会议方案是在会议召开之前对构成会议的各个要素作出系统周密的书面安排的会议文书,属计划类公务文书。

会议方案一般是为大中型或重要的会议所做的预设方案。一般单位内部召开的小规模的例行会议可以通过简易会议计划或会议通知来预先安排好会议事务。制订好会议方案,在会议召开前对会议的目的、规模、时间、地点、设施、内容、议程、日程、组织形式、会议文件、经费、后勤服务等要素做出周密安排，能促进会议顺利进行，取得圆满的预期效果。有些会议还需要向上级机关请示核准，会议方案可作为上级审核批准的重要依据。有些会议方案也可发挥通知的作用，向联办或与会单位通报筹备情况，以便做好必要的准备。

## 二、会议方案的特点

1）针对性。会议方案是针对大型会议所做的规划安排，因此具有针对性。
2）指导性。会议方案对会议整个进行过程具有指导作用。
3）多样性。由于会议种类多样，相应的会议方案也具有多样性的特点。

## 三、会议方案的类型

按会议性质分，可分为以下三种。

（1）代表会议方案　代表会议一般参加人数较多，召开时间较长，会议程序严格，而且不同级别的代表会议，有不同要求，其方案也比较复杂。

（2）工作会议方案　工作会议，虽然不像代表会议在程序和规格上要求那样严格，但在材料的准备工作上有自己突出的特点。

（3）表彰奖励性会议方案　表彰奖励性会议除会议本身之外，因涉及奖旗、奖状、奖品等，在财务和物资方面需要做好准备，其会议方案比较复杂。

## 四、会议方案的格式

会议方案通常由标题、开头、主体、结尾、落款五个部分组成。

### 1. 标题

会议方案标题的规范写法由召开单位或范围、会议名称、文种名称（方案）"三要素"构成，有时可以省略会议召开单位。常用的文种名称有：方案、筹备方案、筹备接待方案、计划、策划方案等。

### 2. 开头

在开头之前，有的要写明方案的送达机关，属于要送上级机关批示的，就写送达上级机关名称，属于要下级知晓的、发给与会机关或个人的，则写下级机关名称。开头部分一般写明召开会议的原因、意义、单位、会议名称、会议时间、地点、会期等，对会议的基本要素进行说明，引出下文，大致相当于一般专题方案中"指导方针""总体设想"部分。

### 3. 主体

主体部分一般要写明会议的宗旨、主题（内容、议题）、规模（与会人员）、议程、日程、会议形式、会务机构的组织和分工、会议文书、会议经费、保障措施、筹备情况等事项，相当于一般计划中的"目标要求""措施方法""实施步骤"。一般分条列项写出。

4. 结尾

结尾部分的写作,要根据会议方案的性质而定,属下级机关请示上级机关的,可写上类似请示报告结尾的用语,如"以上方案,当否,请批示"。

5. 落款

一般写明方案的制发文机关、签署日期,并加盖公章。

## 五、范文示例

人力资源和社会保障部教材办 2018 年度教材建设暨××省技工院校教学管理座谈会工作方案

为贯彻《技工教育十三五规划》和《××省教育发展 2018—2020 年规划》,提升××省技工教育发展水平,经研究,决定于 2018 年 11 月中旬在××省××市举办《人力资源和社会保障部教材办 2018 年度教材建设暨××省技工院校教学管理座谈会》,现做工作方案如下:

一、会议时间

2018 年 11 月 14—16 日。

二、会议地点

××机电技师学院(××市内)。

三、组织机构

主办:人力资源和社会保障部教材管理办公室、××省人力资源和社会保障厅。

协办:××省人力资源和社会保障厅职业能力建设处、××省技工教育研究室。

承办:××机电技师学院。

四、参会人员

1)人力资源和社会保障部教材办领导。

2)××省人力资源和社会保障厅领导及处室领导。

3)××省技工院校领导(校长、主管教学副校长)。

4)××省技工院校教师。

五、会议日程(表 4-1)

表 4-1 会议日程

| 日 期 | 时 间 | 内 容 | 主 讲 人 | 地 点 |
|---|---|---|---|---|
| 14 日 | 全天 | 报到 | | 大堂 |
| 15 日上午 | 9:00—10:00 | 开班式和省厅领导关于教师技能大赛情况的讲话 | 省厅领导 | ×× |
| | 10:00—11:30 | 关于职业教育改革发展的几点思考 | | |
| 15 日下午 | 14:00—16:00 | 一体化教学改革经验交流 | 张三 | |
| | 16:00—17:30 | 技工教育教材建设情况介绍 | 李四 | |

(续)

| 日 期 | 时 间 | 内 容 | 主讲人 | 地 点 |
|---|---|---|---|---|
| 16日上午 | 9：00—12：00 | 世界技能大赛与技工教育发展的思考 | 王五 | ×× |
| | | ××省选拔赛及国赛情况介绍 | 赵六 | ×× |
| 16日下午 | 14：00—18：00 | 全国决赛获奖选手说课展演 | 获奖选手 | ×× |
| | | ××省赛总结 | 职建处 | ×× |

六、工作分工

1. 人力资源和社会保障部教材管理办公室

负责组织聘请专家讲课并负责专家相关费用开支（不含11月16日下午总结会部分）。

2. ××省人力资源和社会保障厅职业能力建设处

负责活动整体统筹协调和落实活动费用。

3. ××省技工教育研究室

负责制订会议工作方案，撰写领导发言稿，联系落实活动场所，对接××机电技师学院，指导学院做好活动现场布置、组织、后勤保障等工作，通知其他技工院校按要求派人参加活动。

4. ××机电技师学院

负责本校宣讲会场布置、后勤保障和安全保卫等工作。

5. 其他技工院校

负责组织本校教师按时参加活动。

××省人力资源和社会保障厅职业能力建设处、××省技工教育研究室<br>2018年11月5日

**任务实施**

一、分析案例，回答问题

通过阅读分析《人力资源和社会保障部教材办2018年度教材建设暨××省技工院校教学管理座谈会工作方案》案例，回答以下问题。

1. 该工作会议方案属于＿＿＿＿＿＿＿＿＿＿＿＿＿＿＿＿＿＿＿类型的会议方案。

2. 该会议方案的目的和任务（会议的宗旨和主题、与会人员等）：＿＿＿＿＿＿

＿＿＿＿＿＿＿＿＿＿＿＿＿＿＿＿＿＿＿＿＿＿＿＿＿＿＿＿＿＿＿＿＿＿＿＿＿＿

＿＿＿＿＿＿＿＿＿＿＿＿＿＿＿＿＿＿＿＿＿＿＿＿＿＿＿＿＿＿＿＿＿＿＿＿。

3. 该会议方案的措施和办法（会议的经费来源、保障措施等）：＿＿＿＿＿＿

＿＿＿＿＿＿＿＿＿＿＿＿＿＿＿＿＿＿＿＿＿＿＿＿＿＿＿＿＿＿＿＿＿＿＿＿＿＿

4. 该会议的步骤和时间（会议的议程等）：_____

## 二、案例分析与点评

【案例一】

2018 年度教学工作总结会工作方案

2018 年是学校"迎评促建年"，围绕这一工作重心，学校决定召开 2018 年度教学工作总结会，旨在总结一年来学校教育教学经验，找出工作中的差距与不足，进一步加强和规范教育教学管理，切实提高教育教学质量，以良好的精神面貌迎接本科教学工作评估。为保证会议的顺利召开，特制订本方案。

一、会议时间

2019 年 1 月 15 日（星期二）全天，1 月 16 日（星期三）上午。

二、会议内容

1) 总结 2018 年度教学工作。

2) 安排部署 2019 年教学工作目标和任务。

3) 加快推进评估建设工作。

三、会务组工作安排

会务组由院长办公室、教务处、宣传部、后勤管理处等部门人员组成，分工如下。

（一）会议总协调

卢凤鹏　池　涌

（二）会议秘书组

组　长：安　静　罗　璇

成　员：叶力军　胡家荣　吴碧坤　余　良　陈　健　石柳江

主要负责会议日程安排，会议文件编写，会议总结材料汇编、印制、分发，会议记录等工作。

（三）会议后勤保障组

组　长：周　勇　赵　军

成　员：冯　图　王桂红　李文彬　黄家诚　刘玉娟　张寒秋　王庆武

主要负责会场布置、茶水供应、交通工具等工作。

（四）会议宣传组

组　长：陈　永

成　员：宣传部全体人员

主要负责会议录像、摄影、联系省市主流媒体宣传报道等工作。

四、参会人员

（一）2019年1月15日上午

1）校领导。

2）全体处级、科级干部。

3）2018年度优秀教师。

4）各学院教研室主任、实验室主任、教学秘书。

5）校学科带头人、学术骨干、教授、博士。

6）无教学任务的教职工。

7）学生代表（每个学院2人，由各学院负责通知）。

8）教学督导团成员。

（二）2019年1月15日下午

1）校领导。

2）全体处级、科级干部。

3）2018年度优秀教师。

4）各学院教研室主任、实验室主任、教学秘书。

5）校学科带头人、学术骨干、教授、博士。

6）教务处全体工作人员。

7）教学督导团成员。

（三）2019年1月16日上午

1）全校教职工。

2）学生代表（每个学院5人，由各学院负责通知）。

五、会议要求

（一）考勤纪律要求

1）参会人员以部门为单位到所划定的区域就座，不准请假，不得迟到，不得中途离场。部门主要负责人严格考勤，会后将考勤上报院长办公室。

2）会议（星期二全天、星期三上午）的考勤情况与个人业绩、绩效工资挂钩，并与各部门、各学院综合考核挂钩。

3）所有科级以上干部如有课，请及时做好调、停课的安排。

（二）会场秩序要求

1）请提前十分钟进入会场。

2）请将手机关闭，或调到振动状态。

3）认真做好记录。

4）不得在会场中随意走动，不得高声喧哗。

××××大学<br>2019 年 1 月 7 日

【案例二】

## 2019 年度教学工作会议方案

根据市教育局全市小学教育教学工作会议精神，结合我校的工作实际，特制订我校学习这次会议精神的宣传活动方案。

一、学习重点

着重学习×××同志在全市小学教育教学工作会议上的讲话、×××同志在全市小学教育教学工作会议上的讲话，以及我市在学校管理、教育教学一线上涌现出来的先进典型材料，学习宣传"优先发展、育人为本、改革创新、促进公平、提高质量"的工作方针，学习宣传"基本实现教育现代化，基本形成学习型社会，进入人力资源强国行列"的战略目标，学习宣传"坚持以人为本、全面实施素质教育"的战略主题，学习宣传《教育规划纲要》关于教育改革、发展和保障的主要任务和政策举措，学习宣传教育改革发展的好经验、好做法以及优秀典型，进一步增强做好教育工作、办好人民满意教育的责任感、紧迫感和自觉性。

二、具体活动

以多项活动为载体，确保学习宣传收到实效。

1）开展全体教职工集中学习活动。一是要抓好领导干部的学习，学校校务会要集中安排专题学习，认真研读讲话精神，充分交流学习并总结心得体会，研究讨论贯彻落实全市小学教育教学工作会议精神和《教育规划纲要》的具体措施；二是要抓好党员干部的学习，各支部要运用组织生活、职工政治学习等多种学习形式。三是要抓好广大教师的学习，全校要充分运用网络平台等宣传工具，采取多种方式组织广大教师进行学习，积极倡导教师自发学习。

2）开展座谈研讨、专题讲座活动。通过此活动要进一步加深广大师生对这次会议精神的理解和认识，进一步调动广大师生员工对《教育规划纲要》的学习热情，为全面推进我校的教育教学改革，促进学校的内涵发展、特色发展凝聚共识，聚集力量，形成重视、关心、参与和支持学校改革发展的良好氛围。

3）开展"我为教育改革发展献一计"活动。学校要广泛发动，积极组织广大干部、师生员工为我校教育改革发展献计献策，集思广益，以更新的思路、更好的措施，结合社会需求、教育规律、学校特点，破解当前我校教育改革发展中的难点问题，使全校教育工作更加符合科学发展观的要求，更加符合这次会议精神要求，更加符合人民群众的新期待，在更高起点实现我校教育又好又快发展，科学谋划未来我校教育改革发展的总体战略和规划。

三、学习要求

1）高度重视，精心组织。要充分认识好学习市小学教育教学工作会议精神的重要意义，切实加强领导，精心组织，周密部署，认真实施。

2）重点实施，加强宣传。要把学习贯彻市小学教育教学工作会议与深入教育教学改革、开展"创先争优"活动等工作相结合。

3）贴近实际，创新形式。把学习宣传工作深入到各科具体的教育教学的工作实践中，突出重点，统筹安排，把学习宣传市小学教育教学工作会议精神落到实处。

××××学校<br>2019年1月20日

以上两份《会议方案》，你觉得哪份更好？请说出你的理由。

_____
_____
_____
_____

## 三、实施写作

请你帮会务组制订公司年会方案。

写作提示：

先用思维导图列出该会议方案的目的和任务（会议的宗旨和主题、与会人员等），措施和办法（会议的经费来源、保障措施等），该会议方案的步骤和时间（会议的议程等）。在做会议方案的过程中，需要不断与上级部门和场地提供方对以上事宜进行沟通。

## 四、任务评测

对任务实施的完成情况进行检查，并将结果填入表4-2。

表 4-2 任务测评表

| 评 分 内 容 | 完整、明确、可行 | 较完整、较明确 | 不完整、不明确 | 备　注 |
|---|---|---|---|---|
| 会议方案的格式是否完整 | | | | |
| 会议方案目的表述是否明确 | | | | |
| 会议方案的措施是否可行 | | | | |
| 会议方案的时间地点等要素是否明确 | | | | |

 想一想，练一练

下面的会议方案，只写出了部分内容，请补充其他内容。

2019 年 A 市扶贫工作会议_____

为深入贯彻党的十九大精神，贯彻落实省扶贫会议精神，今年的扶贫工作要进一步统一思想、凝聚力量，推动全市扶贫工作在新的历史起点上再创新辉煌。根据市政府领导意见，拟召开 A 市扶贫工作会议，_____：

一、_____

2019 年 2 月 15 日上午 9∶00 开始，会期半天；蓝天宾馆主楼会议室。

二、_____

1）副市长、市政府副秘书长（2 人）。

2）市委宣传部、市文明办、市人大教科文卫委、市政协教科文卫委、市直机关工委、市财政局、市公安局、市教育局、市农委、市民委、市城建局、市民政局、市文化局、市旅游局、市总工会、市妇联、团市委等部门领导（17 人）。

3）各县（市）、区政府分管扶贫工作领导和××局局长、分管副局长，××风景名胜区、××风景区、高新区、市××区、市××工业园区、××农高区等单位分管领导和扶贫工作部门领导（35 人）。

4）局机关全体人员，局直属各单位班子成员（38 人）。

5）局系统受表彰的先进集体和先进个人代表（30 人）。

总计：122 人。

三、_____

会议主持：市政府副秘书长。

1）市扶贫办主任、党组书记做工作报告。

2）会议表彰：

① 宣布扶贫工作先进集体、先进个人表彰决定。

② 宣布扶贫突出贡献奖、突出贡献教练员和十佳运动员表彰决定。

③ 宣布局系统先进集体、先进个人表彰决定。

④ 宣布受市以上表彰的先进集体、先进个人名单。

⑤ 为先进集体和先进个人颁发奖状、证书。

3）市政府副市长讲话。

四、会议文件_____

1）局长、市长讲话，主持语由×××负责起草。

2）会议表彰文件由相关处室起草，×××负责收集。

所有文件，均在 2 月 11 日前拿出初稿，2 月 13 日提交局党组会议讨论。

五、_____

1）会议通知由×××负责，报送请柬由×××负责，邀请记者由×××负责。

2）会标：2019 年 A 市扶贫工作会议，主讲桌放置鲜花，×××负责。

3）会前对会场音响效果、灯光进行全面测试，确保灯光、音响正常，×××负责。

4）参会领导安排主席台桌椅，各市级部门和县（市）区领导在观众席前排就座，其他人员依次就座。印制全体参会人员座位图，确保对号入座，并装入文件袋。参会各单位座签核对、增补及摆放，×××负责。

5）会场安排 4 名服务员负责茶水服务，发奖仪式安排礼仪小姐，_____。

6）会议材料装入文件袋，材料准备和装袋由办公室负责。

7）市领导、县（市）区和部门进会场座位引导由×××负责，会议照相_____，会议录音由_____。

8）会议结束后安排各县（市）相关领导用餐，地点在得利宾馆主楼餐厅，就餐人员 122 人。

_____<br>2019 年 2 月 7 日

**知识拓展**

### 一、成功举办一次大型会议的秘密

大型会议的组织策划是一项烦琐的工作，若是某一步骤没做好或没做到位，可能会使得会议效果不尽人意，甚至出乱子。一份详尽的策划方案能够让后期执行更加省事，但详尽的方案包含了很多事项，如会议目的、规模、时间场地、与会人员、预算、会议形式、分工等，在策划时如何着手，要注意哪些方面呢？

### 二、与领导沟通了解会议目的

策划之前的沟通是必不可少的工作，例如了解领导举行会议的目的，确定整个会议策划的大方向。方案要体现出主办方的意图，例如要沟通好会议的主题是什么？多大规模？请哪些领导来？议程是什么？有什么特别交代的事项？

## 三、草拟初步方案，与领导确认

沟通之后应该将初步的方案拟写出来，交给领导审核。因为在沟通过程中，有可能出现理解偏差的情况，把方案写到纸上，能够及时纠正，避免走偏。同时，如果领导需要修改，或者有新的想法，也可以及时加上去。

## 四、细化方案

初步方案确认后，就要来细化每一个环节了，这一步骤是最重要的一步。可按照"会前、会中、会后"的思路来安排好每一个步骤。

1. 会前准备（会议通知、落实与会人员名单、安排会场、会场平面图、会议签到、会议材料发放等）

会前准备工作量较大，会场的安排比较讲究，要根据不同的会议来布置现场，同时也要考虑座位安排等。

诸如会议通知、签到的事项等，可以借助会议助手软件来协助，大大减少工作量。例如可以在企业微信公众号推送会议通知给参会人员；在现场可实现大屏幕签到、定位签到、微信扫一扫，每个参会人的头像都可以上 3D 签到墙，增强互动感，并且自动统计参会情况，及时了解会议签到详情。

2. 会中（物料配合、人员配合）

会议每一个环节需要什么物质材料配合？工作人员在每一环节应做什么？都需要策划到位。例如会议中有现场抽奖的环节，那是用转盘来抽奖？还是可以用会议助手软件来投放到大屏幕抽奖，人人可参与到弹幕互动？

3. 会后（会议纪要、总结、宣传报道）

会议结束后需不需要进行宣传报道？如果需要就要准备照片和宣传稿。会议纪要可以通过会议助手软件在企业微信公众号发布，方便与会人员及时查阅，如有修改意见也可以在评论区提出。

## 五、合理分配工作

执行中很有可能出乱子，要懂得与同事分工合作，千万不要一个人把全部工作包揽下来。如果会议过程中有什么特殊情况，到了紧要关头往往都是顾得了头顾不了尾了，因此分工合作是必需的，多一个人分担处理当然会更可靠。

## 六、主办人公布策划方案并宣布分工

策划方案确认完成后，要由领导来公布并分配工作，这一点很重要，毕竟自己没有分工权力，同事不一定能全力执行。由领导出面，那就变成了同事自己分内的工作，这是不一样的性质。

## 任务二
## 会议通知的写作

### 学习目标

**知识目标**

掌握会议通知基本格式及写作要求。

**能力目标**

1. 会根据要求撰写会议通知。
2. 能分析具体的情境问题、解决具体问题。
3. 能搜集信息、分析信息,进行自主探究。

**情感目标**

1. 养成工作中雷厉风行的良好习惯。
2. 树立明确的学习目标,提高学习效率。

### 工作任务

年会的方案制订好之后,为确保相关人员能按时参会,会务组需要拟定一份会议通知,本次的主要任务是请你代王一撰写一份会议通知。

### 相关知识

#### 一、制订会议通知的意义

上级领导机关决定召开比较重要的会议时,一般要以书面形式就有关事项及要求,提前通知所属单位或个人,这就是会议通知。会议通知在工作中运用广泛,写法比较灵活,有时可以不按公文格式和印制程序来进行发布。

#### 二、会议通知的写作格式

会议通知由标题、主送机关正文、署名和日期等部分构成。

1. 标题

1）以文种名"通知"或"会议通知"为标题。这类通知可以根据情况写成"重要通知""紧急通知""补充通知"等。

2）由事由和文种名构成标题，格式是"关于……的通知"，"关于"后面用简洁的词语说明具体事项，例如"关于举办 2018 年大中专就业交流会的通知"。

3）由发文单位、事由和文种名构成标题，格式是"××关于……会议的通知"，××指发文机关，例如《××学院关于召开 2019 年春学期教学工作会议的通知》。

2. 主送机关

主送机关即公文的受理机关，通知属于下行文，主送机关可以是一个，也可以是多个。一般在标题下隔一行顶格书写，后加冒号。如果主送多个单位或部门，可将主送机关全部写上。如果主送机关很多，属于普发性文件，则应该采用概括的写法，如"各部门、系（部）"。

3. 正文

一般在首段说明通知的缘由，然后说明具体事项和要求，一般包括以下内容：会议的主办单位、会议名称、会议的起止时间及地点、会议的内容和任务、参加会议的人员范围和人数、入场凭证、报到时间及地点、参加会议人员需携带的材料及其他事项等。会议通知要适当提前发布，以便参会人员提前做好准备。

4. 署名和日期

发文机关要写全称或者规范化的简称。若联合发文，主办机关排列在前。发文日期一般要用阿拉伯数字书写年、月、日。

### 三、会议通知的写作注意事项

1）通知主送单位可以是一个或多个，这些单位的名称一定要写清、写全，避免因书写不全而贻误工作。

2）通知内容较多时，要采用条款式行文，这样条目分明，便于遵照执行。

3）通知的语言要规范准确、简明扼要、条理清晰、通俗易懂。切忌模棱两可、含糊其辞。

### 四、范文示例

**关于召开 ××市图书馆学会大中专分会 2018 年年会的通知**

各会员馆：

近年来，××市图书馆学会大中专分会根据章程，有组织有计划地开展了各级各类学术活动，成绩喜人。为更好地开展分会工作，总结经验，继续开创新局面，经分会常务理事会研究决定，于 2018 年 10 月 26 日在××市××大学召开分会 2018 年年会。具体事项通知如下：

1. 时间：2018 年 10 月 26 日
2. 地点：××大学图书馆
3. 交通、食宿：各单位自理

请各单位于 10 月 22 日前报送参会人员信息，联系人：×××，电话：0000-2600000，邮箱：41231225@qq.com。

各单位于 10 月 24 日前提交工作经验分享材料，联系人：××，电话：18901111111，邮箱：4123425@qq.com。

附件：
1. 会议日程
2. 参会回执

××市图书馆学会大中专分会<br>2018 年 10 月 15 日

 任务实施

## 一、分析案例，回答问题

通过阅读分析《关于召开××市图书馆学会大中专分会 2018 年年会的通知》案例，回答以下问题。

1）该会议通知的标题属于：
_____

2）该会议通知的主送机关是：
_____

3）该会议通知的具体事项及要求分别有：
_____
_____

## 二、案例分析与点评

【案例一】

关于召开厂部工作会议的通知

厂属各单位：

　　为了进一步完善厂长责任制，切实抓好今年下半年生产和各项工作，根据我厂实际情况，经厂部研究决定，于6月中旬召开厂部工作会议，现将有关事项通知如下，请遵照执行：

1）参加人员：各单位党支部委员、副科级以上干部、厂级领导。具体安排见附表。

2）时间：2004年6月12日到15日。

3）地点：办公楼八楼会议室。

4）各车间、科室接本通知后，安排好会议期间的生产任务和工作，并请各党支部通知有关人员，携带好笔记本，于6月12日上午8时准时参加会议。

厂部办公室<br>2004年6月4日

【案例二】

通 知

各分公司：

为贯彻领导的安全工作会议精神，落实我公司安全生产事宜，总公司决定召开2018年安全工作会议，交流各分公司安全管理工作经验，研究和部署未来的安全生产工作，请大家于6月15日集中会议室开会。

××公司总经理办公室<br>2018年5月

以上两份《会议通知》，你觉得哪份更好？请说出你的理由。

_____
_____
_____
_____

三、实施写作

请你帮王一写作2018年××公司年会会议通知。

写作提示：

用思维导图先列出会议通知的格式要求，再列出该会议通知各部分要素，检查各要素的完整性。

## 四、任务评测

对任务实施的完成情况进行检查,并将结果填入表4-3。

表4-3 任务测评表

| 评 分 内 容 | 完整、明确 | 较完整、较明确 | 不完整、不明确 | 备 注 |
|---|---|---|---|---|
| 会议通知的格式是否完整 | | | | |
| 会议通知的目的、时间、地点、与会人员及会议要求等要素是否明确 | | | | |

**想一想,练一练**

下面的会议通知,只写出了部分内容,请补充其他内容。

关于20××年1月份安全例会的通知

为确保我司20××年道路春运安全工作顺利进行,树立"安全第一,预防为主,综合治理"的思想理念,减少和杜绝道路交通事故的发生,经公司安委会研究决定,召开1月份安全例会,现通知如下:

一、时间:××年×月×日下午15:30

二、_____(会议地点)

三、_____(参会人员)

四、会议内容

1)对近阶段的安全工作进行总结。

2)对即将来临的春运安全工作做出安排。

五、会议要求

_____

_____

××××× 公司

_____

**知识拓展**

### 一、会议通知注意事项

会议通知分为口头通知和书面通知,其中口头通知只适用于参会人员较少的非正式会议，书面会议通知需注意以下几点：

1）正式的书面会议通知应包含：简要的会议议程说明、参会人员、会议时间、会议地点等。

2）书面会议通知应通过正式途径发送给参会人员，如办公自动化系统、电子邮箱、网站公布等，如有必要可另行电话通知参会人员。

## 二、工作小窍门

### 如何传达会议通知

1）接到会议通知时，值班人员应记录到来电记录本上，明确会议时间、地点、内容以及特殊要求等，向领导汇报。

2）根据领导安排，通知参会人员参会，并告知参会人员会议时间、地点、内容。

3）无法通知到参会人员，需请他人转告时，应记录转告人的姓名以及接听时间并向领导汇报。

【案例一】

> 传力机械有限公司总经理秘书请前台秘书萌萌协助，向公司的各部门主管发送此次重要的临时会议通知。通知的内容如下：
>
> ## 会 议 通 知
>
> 各部门经理：
>
> 　　定于1月16日（星期三）下午1：30在公司会议室召开会议，讨论公司人员编制和工作绩效评估问题。此次会议内容重要，请有关人员务必准时出席，如不能按时参加，请于1月8日（星期二）之前告知秘书萌萌。电话：85142639。
>
> 总经理办公室<br>2019年1月5日
>
> 　　接到通知后，萌萌没有向各主管发送通知，她想反正是内部会议，只要在公司布告栏上贴一张通知就可以了，可是她忽视了一个问题：此次会议是临时召开的重要会议，并非公司例会。因此有些主管因为一直在工程现场，未能及时看到通知，造成了3位主管未能准时到会，待发现时，已经是星期三的中午，萌萌只得匆忙用电话通知3位主管迅速赶到开会地点。其中销售经理王宾接到电话后不满地说："这么重要的会，为什么不早下通知？我下午约客户，会议只能让我的助手去开了。"萌萌急忙说："那可不行，总经理特别指示，有关人员务必准时出席。"王宾说："可是我已通知了客户，改期已来不及了，你说怎么办？"萌萌张了张嘴，可什么也说不上来。

【案例二】

某公司决定于某月某日召开一次重要会议，公司董事长指定公司业务部王经理一定要参加。交办此事的一位办公领导还特别交代，要提前发通知，以便于王经理预先安排工作等。值班人员马上将开会的时间、地点、内容、要求通知到王经理的秘书，并要他及时向上汇报。但到开会的前一天，王经理有事与董事长通电话，电话中王经理说："没有接到通知，我已安排明天有会，有几十人参加，怎么办？"董事长马上找发通知的人员查问，经查实，某月某日某时已通知到王经理秘书。

经过与王经理的秘书核实，秘书承认已接到会议通知，但因为王经理当时正忙，所以没有按要求立即报告，后来忘记了，造成两会冲突，最后只能服从董事长的安排，取消了王经理安排的会议。

议一议：案例一和案例二的共同问题出在哪里？应该怎么做才能避免这样的工作失误？

# 任务三
## 会议讲话稿的写作

### 学习目标

**知识目标**

掌握会议讲话稿的写作要求。

**能力目标**

1. 会根据具体的会议情境，撰写讲话稿。
2. 能搜集信息、分析信息，进行自主探究。

**情感目标**

1. 能跳出自身局限，从不同的角度看待问题。
2. 能多理解他人，有一颗善思考、能包容的心。

### 工作任务

接近年终，×××汽车股份有限公司准备召开年会，公司董事长需代表公司做年会致辞。本次任务的主要内容是请你帮董事长撰写一篇在年会上的讲话稿。

### 相关知识

#### 一、关于讲话稿

讲话稿有广义和狭义之分，广义的讲话稿是一个庞大的文书组群，包括开幕词、闭幕词、贺词、大会工作报告等；狭义的讲话稿指领导人在会议上用于口头发表的带有一定指示性或指导性的文稿。

一般，人们习惯把上级领导人、本单位主要领导在会议上的发言称为"讲话"，普通与会者的讲话称为"发言"。

#### 二、讲话稿的类型

由于讲话稿内容丰富，应用范围广泛，表现形式灵活多样，所以很难进行严格的分类，只能从不同的角度作大体的区分。

### 1. 从内容上划分

有政治讲话稿、礼仪讲话稿、工作讲话稿、学术讲话稿等。

### 2. 从应用范围和表现形式上划分

可分为集会讲话稿、战地讲话稿、会议讲话稿、广播电视讲话稿等。

以下简要介绍几种常见的讲话稿：

（1）政治讲话稿　指在研究和解决政治问题的会议上发表讲话，或在群众集会上发表政治宣传色彩深厚的演讲所使用的讲话稿。如国家领导人及各级党政部门负责人在一定场合宣传贯彻党和国家方针政策的讲话稿、各级人民代表及纪检监察委员以议政为主要内容的讲话稿以及外交官发表外事演说的讲话稿等，均属政治讲话稿。

政治讲话稿要求观点鲜明、论述充分、逻辑严密，具有强烈的论辩色彩。

（2）礼仪讲话稿　指在纪念会、追悼会、开幕式、闭幕式、欢迎会、宴会等场合发表悼念、答谢以及应酬性的讲话所用的讲话稿。

（3）工作讲话稿　以动员、布置工作和总结、交流工作经验为目的的讲话所用的讲话稿。这类讲话，又称为"做报告"。如开展某项工作的动员报告、某项工作的总结报告等。

（4）学术讲话稿　指在数、理、化、农、医、工等自然科学领域和哲学、历史、文学、经济、法律等社会科学领域，就某些学术问题在会议上发表见解，阐明主张，公布研究成果所用的讲话稿。

## 三、格式与写作要求

讲话稿一般由标题、称谓、正文、结尾组成。

### 1. 标题

标题常见有两种写法

一是点明中心的标题，如《对职业教育发展的几点意见》《校企合作共育人才》。

二是直接使用"会议名称＋讲话"，如《在庆祝改革开放40周年大会上的讲话》《在第十六届全国技工院校实验实训设备类优秀成果评选会上的讲话》。

### 2. 称谓

根据不同场合、不同的听众对象来决定，如"同志们、朋友们""女士们、先生们""尊敬的各位领导、嘉宾""尊敬的老师、亲爱的同学们"等，顶格写称谓。

称谓要贴切、富有礼仪，这样有利于更好地沟通彼此的感情。

### 3. 正文

正文包括引言、主体、结尾三部分。

1）引言，俗称"开场白"，是讲话稿的开头部分。一般引言不宜过长，但需精心设计，有一个好的引言，讲话者从一开始就能主动而有效地控制听众的情绪，为引入正题打下基础。

2）主体是讲话稿的中心部分。这一部分要紧紧围绕中心议题展开论述，是讲话稿的核心所在。由于讲话人的身份，会议背景、内容、时间、地点、听众对象等各不相同，所以，主体部分的写法必须因人、因事、因地制宜，视具体情况而定。一般的写法有：

① 划分几大块，即几大部分。每一部分相对表达一个独立完整的意思，在每一部分里，可做比较具体的展开，有的用序号"一、二、三"来标明，也有使用称呼，如"各位代表""同学们""朋友们"来巧妙划分。

② 把要讲的内容划分为若干自然段，每个段落不标序号，一个段落一个中心内容。这种写法更符合讲话稿的特点，更容易让听众接受。例如：

"——面向未来，我们要相互尊重、平等相待，坚持和平共处五项原则，尊重各国自主选择的社会制度和发展道路，尊重彼此核心利益和重大关切，走对话而不对抗、结伴而不结盟的国与国交往新路，不搞唯我独尊、你输我赢的零和游戏，不搞以邻为壑、恃强凌弱的强权霸道，妥善管控矛盾分歧，努力实现持久和平。

——面向未来，我们要对话协商、共担责任，秉持共同、综合、合作、可持续的安全理念，坚定维护以联合国宪章宗旨和原则为核心的国际秩序和国际体系，统筹应对传统和非传统安全挑战，深化双边和多边协作，促进不同安全机制间协调包容、互补合作，不这边搭台、那边拆台，实现普遍安全和共同安全。

——面向未来，我们要同舟共济、合作共赢，坚持走开放融通、互利共赢之路，构建开放型世界经济，加强二十国集团、亚太经合组织等多边框架内合作，推动贸易和投资自由化便利化，维护多边贸易体制，共同打造新技术、新产业、新业态、新模式，推动经济全球化朝着更加开放、包容、普惠、平衡、共赢的方向发展。

——面向未来，我们要兼容并蓄、和而不同，加强双边和多边框架内文化、教育、旅游、青年、媒体、卫生、减贫等领域合作，推动文明互鉴，使文明交流互鉴成为增进各国人民友谊的桥梁、推动社会进步的动力、维护地区和世界和平的纽带。

——面向未来，我们要敬畏自然、珍爱地球，树立绿色、低碳、可持续发展理念，尊崇、顺应、保护自然生态，加强气候变化、环境保护、节能减排等领域交流合作，共享经验、共迎挑战，不断开拓生产发展、生活富裕、生态良好的文明发展道路，为我们的子孙后代留下蓝天碧海、绿水青山。"

3）结尾亦称收尾，即收结全文，归纳主题。常见两种写法：①以坚定有力的语言向听众发出号召、提出希望或要求，给听众以巨大的鼓舞；②以谦敬的语言向听众致谢，也可以意尽言止，自然结尾。

## 四、会议讲话稿的特点

### 1. 政策性

讲话稿一般由本人书写或授意他人（秘书）代写，但无论谁写或用于什么场合，都必须符合政策要求，否则就会"言不及义"。

2. 时间性

因各种需要举行的会议、仪式等都是在一定时间、地点等条件下进行的。因此，讲话稿一般都具有较强的时间性。

3. 条理性

讲话稿主要是用声音为传播媒介，要使讲话的内容被听众听清、听懂，就要条理清晰、层次分明。否则，听众接受起来困难，势必会影响讲话的效果。

4. 通俗性

讲话稿与一般文章不同，要合乎口语，具有说话的特点。这就要求撰写讲话稿时要深入浅出、通俗易懂，使用语言时不宜咬文嚼字，句子不要太长，修饰部分要少，以免造成听众错觉，不得要领。

## 五、范文示例

在 ×× 届优秀科研成果评选会上的讲话稿

尊敬的各位嘉宾、同仁们：

大家上午好！欢迎大家来到"青山环绕立，一水抱城流"的广西第二大城市——柳州。柳州是我国西南地区的工业重镇，有上汽通用五菱、柳工等知名企业，作为广西最大的生态工业城市，这里有山清、水秀、洞奇、石美的自然景观，也有独具神韵的民族风情，可以自豪地说："柳州，是一个热情的城市，是中国最美的工业城市！"

盛世迎佳朋，今天我们迎来了"第 ×× 届优秀科研成果评选会"，全国各地的技工院校领导、教师代表相聚在我们 ××× 学院，作为本次会议的承办单位之一，我们深感荣幸。在此，我谨代表我院全体师生对各位领导、各位嘉宾、各位同仁的到来表示热烈的欢迎！对辛苦筹备本次会议的所有工作人员表示衷心的感谢！

我院创建于 ×× 年，是国家首批重点技工学校、国家中职示范校、国家高技能人才培训基地、全国教育系统先进集体，现有全日制在校生一万多人，教职工 600 多人，开设有 30 个专业（工种），各专业对接产业的发展良好，建设有完善的实训基地，其中，国家级实训基地 × 个，自治区级实训基地 × 个。为对接产业转型升级，学院建立了"多轴加工实训教室""机器人自动焊接教室""智能柔性加工教室"等全国领先的高端实训基地。近年，我院学生在各类技能大赛中获国际级奖项 3 人次；国家级一等奖 4 人次，二等奖 25 人次；省级特等奖 6 人次，一等奖 117 人次。

在 60 多年的办学历程中，我们始终秉持"厚德强技，立志精业"的校训，坚持"创新、引领、提高"的办学方针，在职业教育的征途上大胆摸索，不断创新。

本次成果评选会的召开，也为参会院校间的交流提供了一个良好的平台，作为承办单位，我们力争做好各项承办工作，由于条件限制，在工作中也许还有不足之处，希望大家谅解！

最后，再次对各位领导、各位参会代表的到来表示欢迎，祝本次成果评选会取得圆满成功！谢谢！

## 任务实施

### 一、分析案例，回答问题

通过阅读分析《在×××届优秀科研成果评选会上的讲话稿》例文，回答以下问题。

1. 该讲话稿属于哪一类？
_____

2. 该讲话稿的引言部分是：_____
_____
_____
_____。

3. 该讲话稿的主体部分采用什么写法？
_____

### 二、案例分析与点评

【案例一】

**2018 级新生开学典礼**
**校长讲话稿**

尊敬的各位老师、亲爱的同学们：

　　大家上午好！

　　金秋九月，我们又迎来了一个新的学年，迎来了2018级的新同学。今天，我们举行隆重的新生开学典礼，在此，我谨代表全校师生对各位新同学的到来表示热烈的欢迎！对在新生军训、入学教育期间辛苦付出的各位教官、班主任、老师们表示衷心的感谢，对同学们在军训中取得的进步表示祝贺！

　　×××学校是全国首批重点技工院校、国家中职示范校、国家高技能人才培训基地、××省第一所技师学院，创建至今已有62年的办学历史，为社会培养了十多万名中、高级技能人才，享有"×××机电技能人才摇篮"的美誉。

学校现有在校生一万多人，教职工500多人，开设有30个专业（工种）。自建校以来，学校始终坚持"以服务为宗旨、以就业为导向、以创新为动力、以质量为核心"的办学目标，秉承"厚德强技，立志精业"的校训，不断提高学校办学层次、教育教学质量和管理水平，取得了显著的成绩，国家人社部、教育部授予学校"全国教育先进集体""国家技能人才培育突出贡献奖""第45届世界技能大赛中国集训基地"等多项荣誉称号。

同学们，劳动创造世界，技能成就未来！当今世界正处在大发展、大变革、大调整之中，新一轮科技和工业革命正在孕育。中国是一个制造大国，习近平总书记说："作为一个制造业大国，我们的人才基础应该是技工""世界上的工业强国都是技师技工的大国，我们要有很强的技术工人队伍。"据国家相关部门统计，我国制造业人员中高技能人才只占5%，远远满足不了发展需要。中国正在从制造大国向制造强国转变，"中国制造"正在向高端、智能、绿色、优质阔步迈进。在这一历史转变过程中，迫切需要培育和弘扬工匠精神，需要"大国工匠"，需要有理想、有本领、有担当的高素质技能人才。同学们，你们选择了×××学校，你们就是未来"大国工匠"、高素质技能人才的培养对象。

学校的目标就是要将你们培养成才，我们有这个能力，更有这个实力。我校拥有一支优秀的师资队伍，现有国家级技能大师3人，全国技术能手3人，"国务院政府特殊津贴"获得者2人，国家技能人才培育突出贡献的教师2人；自治区技能大师4人，自治区"五一劳动奖章"获得者5人，"广西技术能手"35人。我们教师的职责就是立德树人，教授你们知识、传授你们技艺，培养你们成为新时代的技能人才。

同学们，从今天起你们将开启新的学习征途，面对新的挑战，作为老师、作为院长，我希望大家做到以下三方面要求：

1）要养成良好的行为规范，做一个热爱学习、思想上进、举止文明、遵纪守法的人。

2）要树立目标，努力奋斗，做一个怀有理想、具有抱负、执着追求的人。

3）要懂得感恩，学会珍惜，做一个严于律己、宽以待人、全面发展的人。

同学们，你们是国家的未来、民族的希望，是实现"中国梦"的接力者、开拓者，是创造中国未来的生力军，你们身上既承载着民族复兴的重担，也蕴藏着国家富强的希望！

同学们，成功不会从天而降，成功都是奋斗出来的！你们青春年少，最富朝气，又正逢国家飞速发展的大好时机，希望你们抓住机遇，用你们的青春去灌溉梦想，用你们的青春去奋斗未来，用你们的实际行动实现"中国梦"！

老师、同学们，新学期、新希望，再一次衷心祝愿同学们在新的起点上，鼓足力量,奋勇冲刺,争创佳绩。祝我们的老师工作顺利,身体健康!祝愿我们学校的明天更加美好、更加辉煌!

谢谢!

【案例二】

### ×××教师在2018级新生开学典礼上的发言稿

尊敬的学院领导、各位老师、亲爱的同学们:

大家好!

首先,请允许我代表××××学院全体教师向2018级秋季入学的新同学们表示热烈的欢迎!

新的学期,新的开始,带着希望、带着憧憬、怀着激动、怀着兴奋,你们步入了新的校园。此时,在你们每个人的面前都展开了一张新白纸,如何在这张白纸上画出人生又一幅精彩的画卷呢?不管以前你在班里是名列前茅,还是成绩平平,从跨入×××学院的第一天开始,你们都重新站在了一个崭新的起跑线上。你们即将面对的,是陌生的校园环境,全新的教学模式,超越传统的课程内容。作为教师,作为朋友,在此我对同学们提出以下几点期望:

第一是要"学会学习"。

学会学习就是能够掌握学习的方法,这比掌握一门技术更重要。只有掌握学习的方法,才能触类旁通,才能在终生学习中,永远处于主动地位。正确的学习方法是终生学习的基础和探索未来的钥匙。"播下一种习惯,你将收获一种性格;播下一种性格,你将收获一种命运。"入学初期是你们养成良好学习习惯的关键时期,学会学习,将为你们未来的成功奠定坚实的基础。

第二是要"学会思考"。

同学们正处于一个思想观念逐渐成熟定型的时期,学会独立和理性地思考,是同学们在校期间的必修课。学会思考,要求大家时刻能保持头脑的清醒,能在大是大非面前,明辨是非;能在功利诱惑面前坚守良知和底线。同学们初次离家,容易被城市的喧嚣淹没,被功利所诱惑,被浮躁所鼓动。所以在这里我特别要提醒同学们,当今时代,法律的约束、道德的准绳、公共的规约都是你们不能逾越的底线。青春往往伴随盲动,叛逆往往拒绝思考。你们天资聪颖,却还缺乏岁月的历练。要时刻保持理性,不盲从,不随波逐流。

第三要"学会生活"。

生活是学习和思考的基础,是同学们应该重视和解决的一个重要问题。学会生活,是要能够合理安排时间，规划好你们的人生；是要具备既有理想、志存高远，又能脚踏实地的精神；是要逐步建立自信，管好自己，不放任自己，要保持良好的心理状态。你们中的大多数都是独生子女，从小备受呵护，如今离家求学，需要独自品尝生活的苦辣酸甜，希望你们能迅速调整心理落差，开始为未来应肩负的责任奠定基础，让父母和长辈放心。能够来到这里已经证明了你们对知识的渴望，但同样是在这里，你们会面临全方位也更多元化的竞争，希望你们能从容接受竞争，坦然面对今后遇到的挫折和进步。希望你们能让自己尽快繁忙起来，让充实的校园生活淡化你们的思乡之情。在这里，××××学院全体教师将把你们看作自己的朋友，视你们为自己的亲人，为你们预备下无尽的勇气、毅力和牺牲。我们将秉承厚德强技、励志精业之精神，为你们搭建起遮风挡雨的港湾，为你们铺设一条走向成功的道路。希望通过我的发言可以使在座的各位新同学们感受到××××学院老师们的这份真情，这份执着。

同学们，接下来的五年或者三年的学习时间，只要你脚踏实地、努力拼搏，你的人生一定会如诗如歌，你的梦想一定会绚丽如虹，你的雄心壮志将有更大的展示舞台。请同学们相信，在你们通向成功的路上，老师们将与你们一路同行。同学们，让我们共同努力吧！

谢谢大家！

以上两份在开学典礼上的讲话稿，你觉得哪份更好？请说说你的理由。

_____
_____
_____
_____

### 三、实施写作

接近年终，×××汽车股份有限公司准备召开年会，公司董事长需代表公司做年会致辞。本次任务的主要内容是请你帮董事长撰写一篇在年会上的讲话稿。

写作提示：

根据讲话的场合、内容等背景考虑。公司的年会，一般全体职工都会参加，听众是所有职工，讲话人是公司的董事长，属于领导层。因此此次讲话，既是在年终对大家工作的总结，也是对下一年度工作的展望。要结合上述因素，站在董事长的角度列出大概的提纲，然后进行写作。

## 四、任务评测

对任务实施的完成情况进行检查,并将结果填入表4-4。

表4-4　任务测评表

| 评 分 内 容 | 完整、符合 | 较完整、较符合 | 不完整、不符合 | 备　注 |
| --- | --- | --- | --- | --- |
| 讲话稿格式是否完整 | | | | |
| 正文内容表述是否符合会议主题 | | | | |

**想一想，练一练**

1. 在会议上的讲话，为什么我们要先写讲话稿，直接脱口讲行不行，为什么？
2. 请你以老生代表的身份，写一篇在开学典礼上的发言稿。

**知识拓展**

### 如何写好演讲稿

演讲稿，是在演讲前写成的用作口头演讲的文稿，它与一般文稿不同之处在于：不是书面发表后给读者阅读，而是口头表达后让听众接受，因此，演讲稿的内容、语言必须体现演讲的特点和要求。具体看来，有以下几点要求：

1）针对性强。演讲稿的种类很多，例如介绍事迹型，阐明事理型，抒发感情型及各类致辞等，由于它们的目的、要求、对象各不相同，撰稿的内容和形式也就不同。因此，演讲稿首先要针对演讲的目的和要求，其次还要针对不同年龄、不同文化程度、不同职业、不同场合的对象，做到有的放矢，这样才能适合不同类听众的口味，达到鼓舞人心的效果。

2）主题明确突出。演讲是面对面的交流，听众缺少进一步思考的时间，所以演讲稿一般不追求含蓄深奥，而是要求直抒胸臆，你赞成什么，反对什么，要让听众一目了然。比如《未有天才之前》这篇演讲稿在开头就明确提出自己的观点："要产生天才，就要有使天才生长的民众，要发展新文化，就必须创造培植新文化的社会条件。"旗帜鲜明地表明了自己的态度，让听众一开头就很清楚作者的看法。演讲中的主题不仅要做到明确，更要做到突出。有一位演讲家曾经说过这样的话："在演讲中你要告诉大家你将要告诉他们什么；你正在告诉他们什么；你已经告诉他们什么。"这句话其实是说在演讲过程中主题需要反复强调，这样才能给读者留下深刻的印象。

3）材料真实可信。演讲稿的材料包括事实、故事、名言警句、数字统计等，无论哪一则材料，都离不开"真实"。政治家常常对他们的演讲撰稿人说："我需要真正的感动。"如今的读者已经不相信官话、大话、套话，要让他们真正感动，就离不开说真话、讲真事。比如一篇题为《为了共和国大厦永远屹立》的演讲稿写了"我"作为共和国税官的高尚行为，但同时也袒露了自己的内心世界："……那位老板娘拽着我的袖子说：'大兄弟，何必那么认真呢？抬抬手让我过去算了。'说着从兜里掏出了300元钱……我心想：这钱来得太容易了，都赶上我一个月工资了。此时，我只要稍稍那么一点点……我想到了爸爸常常告诫我的一句话：'喝凉酒，花赃钱，早晚是病。'……在这没有硝烟的战场上，让这点炮弹把我撂倒了，多丢人哪！"演讲者并没口号式地宣扬自己的高尚之举，而是坦陈内心动机和复杂的心理，表现那种常人也能达到的并非高不可攀的向崇高攀缘的过程。这种有血有肉的真实才能令人信服。

4）语言要生动形象。针对演讲面对面与听众交谈的特点，演讲稿的语言要多用短句，要口语化、通俗化，让听众听明白、听清楚、受感动；也要积极运用比喻、排比、设问、反问、反复等修辞手法；还要讲究抑扬顿挫的节奏感和朗朗上口的韵律美。有人概述毛泽东演讲的特点为"三美"，即通俗美、修辞美，其实也就概括了演讲语言特色。在演讲过程中，短句激烈，富有战斗性；排比句排山倒海，势不可挡；感叹句激情洋溢，令人振奋；问句咄咄逼人，雄辩有力。董文华在《我不做这样的飞鸽》中这样说："我们怎能嫌弃脚下的土地，难道它不是祖国九百六十万平方公里的组成部分？我们怎能嫌弃大别山贫穷，难道它本来就该是这个模样？难道祖国的儿女只有躲开的理由，而没建设的义务？难道一个新时代的人，一个有血气的青年能做这样的'飞鸽'？"以上的反问气势逼人，铿锵有力，既感染了读者，同时演讲的主题也得到了强调。因此，生动的语言在演讲中起着举足轻重的作用。

5）思路清晰明了。演讲稿的结构，一般有开头、中间、结尾三个部分。开头，是给听众的第一印象，要先声夺人，营造一种气氛，开始就控制住听众的情绪。开头一般有这样几种写法：从题目谈起；揭示中心或概述内容；从寓言故事、典故、名言警句、个人经历等说起。不管哪种写法，演讲者都要找好演讲的切入点，这样才能使演讲内容新颖，构成独特的视角。例如，在一次以"党在我心中"为主题的演讲中，一名选手以《镰刀和锤子下畅想》为题目，从党旗上的镰刀和锤子的象征意义入手，通过"镰刀和锤子结合在一起并镶在鲜艳的红旗上"暗示我们党始终与人民群众心连心，然后列举事例烘托主题，既达到了歌颂党的目的，又避免了口号式的空洞。中间部分要紧承开头，运用真切感人的材料，或抒情或叙事或议论，切忌装腔作势，不着边际，虚多实少。同时，中间主体部分一定要体现出生动活泼、新鲜有力的文风，否则易使听众觉得演讲内容枯燥无味，从而产生厌烦情绪。结尾要给听众留下鲜明难忘的印象，切勿仓促收场。常见的结尾方式有：总结全文，强调演讲主题；用哲理性的语言，画龙点睛，耐人寻味；用幽默的语言再次制造气氛，让听众于轻松中受到感染；用充满激情的语句，给人以鼓舞。

# 任务四
## 会议纪要的写作

 **学习目标**

**知识目标**

掌握会议纪要基本格式及写作要求。

**能力目标**

1. 能撰写符合要求的会议纪要。
2. 能分析具体的情境问题、解决具体问题。
3. 能搜集信息、分析信息，进行自主探究。

**情感目标**

1. 养成良好的知识归纳总结的习惯。
2. 树立明确的学习目标，提高学习效率。

 **工作任务**

经过周密的准备，公司的年会顺利召开了，取得了较好的反响。根据要求，会务组需要根据会议记录撰写会议纪要，请你代会务组完成这份会议纪要。

 **相关知识**

### 一、会议纪要的概念

会议纪要是一种记载和传达会议基本情况或主要精神、议定事项等内容的规定性公文。

会议纪要作为常用的公文文体之一，可采取转发（印发）或直接发出的形式，类似于通知，发给下级贯彻执行；也可以报送给上级，类似会议情况报告，向上级做出反馈；还可以发给平级有关机关，类似公函，使对方知晓，沟通情况。

### 二、会议纪要的种类

（1）办公会议纪要　主要用于记载和传达领导的办公会议决定和决议事项。如果其中涉及有关部门的工作，可将会议纪要发给他们，并要求其执行。

（2）**工作会议纪要**　用以传达重要的工作会议的主要精神和议定事项，有较强的政策性和指示性。

（3）**协调会议纪要**　用于记载协调性会议所取得的共识以及议定事项，对与会各方有一定的约束力。

（4）**研讨会议纪要**　主要记载研究讨论性或总结交流性会议的情况。这类会议纪要的写作要求全面客观，除反映主流意见外，如果有不同意见，也应整理进去。

会议纪要由标题、正文和署名等部分构成。

## 三、会议纪要的特点

（1）**内容的纪实性**　会议纪要应如实地反映会议内容，它不能离开会议实际搞再创作，否则，就会失去其内容的客观真实性。

（2）**表达的提要性**　会议纪要是根据会议情况综合而成的，因此，撰写会议纪要时应围绕会议主旨及主要成果来整理、提炼和概括，重点应放在介绍会议成果，而不是叙述会议的过程。

（3）**称谓的特殊性**　会议纪要一般采用第三人称写法。由于会议纪要反映的是与会人员的集体意志和意向，常以"会议"作为表述主体，使用"会议认为""会议指出""会议决定""会议要求""会议号召"等惯用语。

## 四、会议纪要的写作格式

### 1. 标题

会议纪要的标题一般采取下列三种写法：

1）会议名称+文种，例如《全国农村工作会议纪要》。

2）与会单位+会议名称+文种，例如《××学院思想政治工作会议纪要》。

3）制文单位+会议名称，例如《商业部中专校长会议纪要》。

### 2. 正文

正文部分通常由开头、主体和结尾三部分组成。

1）开头：一般写会议概况，包括会议的背景、依据和目的，会议名称、时间、地点、与会人员、主持者、领导人出席会议的情况，会议的议程、议题、结果及评价。

2）主体：写会议主要精神、研究的问题、讨论的意见、提出的任务要求等，对会议的主要精神要突出重点、观点鲜明、条理清晰，对议定事项要具体明确、文字简洁、表达完整。

3）结尾：一般指明方向、发出号召、提出希望，但也可以不写结尾。发文机关要写全称或者规范化的简称。若联合发文，主办机关排列在前。发文日期一般要用阿拉伯数字书写年、月、日。

## 五、范文示例

××机电技师学院会议纪要

××机电技师学院纪〔2018〕4号

时间：2018年5月3日上午10：00。

地点：学院行政楼二楼大会议室。

参会人员：李××、薛××、赵××、蒋××、林××。

请假人员：李××（外出开会）。

主持人：李××。

会议记录：冯××。

会议事项：学院办公会。

会议内容：

会议主要讨论、审核学院《中等职业学校职业教育基础能力建设暨办学条件达标项目建设方案和任务书》，会议主要内容如下：

1）建设方案和任务书围绕达标分级标准中的Ⅲ级（卓越—发达地区水平）标准要求编制，且紧密结合了我院自身实际，并对今后发展目标进行规划，进一步明确了学院今后的工作重点。

2）同意按所编制的建设方案和任务书上报。

3）要求科研处及相关部门负责人要再仔细核对一次文稿，含数据、文字等，按要求排版印刷，报主管部门盖章后，送教育厅。

××机电技师学院

2018年5月3日

## 任务实施

### 一、分析案例，回答问题

通过阅读分析《××机电技师学院会议纪要》案例，回答以下问题。

1. 该会议纪要属于哪种类型的会议纪要：_____。

2. 该会议纪要主体部分所研究的问题和决定事项有：

## 二、案例分析与点评

【案例一】

××县人民政府第六次常务会议纪要

××县人民政府纪〔2019〕4号

时间：2019年2月14日上午8:30至12:00。

地点：县政府常务会议室。

主持：县长×××。

出席：副县长×××、××、××、×××办公室主任×××。

请假：×××（出差）。

列席：×××、×××、×××。

记录：×××。

现将会议讨论及决定的主要事项纪要如下：

1）会议听取了副县长×××关于召开经济工作会议准备情况的汇报，讨论了扩大县属企业自主权的十条规定。会议同意县经济工作会议准备情况的汇报，并决定于×月×日召开全县经济工作会议。今年各项经济工作指标，要以市经委下达的为准，不再调整县原各公司的主要经济指标。在县经济工作会议上，由县经委与县原各公司签订经济责任书。

2）会议原则同意县民政局关于民政事业费管理使用办法的修订意见。

3）会议同意将县政府办公室提出的转变机关工作作风的规定意见（讨论方案）印发各部门，广泛征求意见，进一步修改后，以县政府文件印发。

××县人民政府办公室

2019年2月15日

【案例二】

××省人民政府常务会议纪要

〔2017〕11号

××省人民政府办公厅于2017年11月4日上午，在省人民政府办公楼举行第82次常务会议。

出席会议的有：×××、×××、×××、×××、×××、×××、×××、×××、×××、×××。

×××主持会议。

会议听取了×××关于出台进一步鼓励引导个体、私营等非公有制经济健康发展的若干政策意见的汇报；听取了×××关于《××省地图编制出版管理办法（草案）》《××省水上交通事故处理办法（草案）》《××省文物保护管理条例修正案（草案）》的审核说明，并进行了讨论研究。现纪要如下：

1）会议认为，党的十五大已经明确提出，公有制为主体、多种所有制经济共同发展是我国社会主义初级阶段的一项基本经济制度；会议原则同意省政府办公厅会同有关部门研究提出的关于出台进一步鼓励引导个体、私营等非公有制经济健康发展的若干政策意见，并要求办公厅根据会议提出的意见进一步修改。建议以省委、省政府名义发布。

2）会议原则通过《××省地图编制出版管理办法（草案）》《××省水上交通事故处理办法（草案）》《××省文物保护管理条例修正案（草案）》。会议决定，《××省文物保护管理条例修正案（草案)》按法定程序提请省人大常委会审议。《××省水上交通事故处理办法（草案）》《××省地图编制出版管理办法（草案）》按照会议意见进一步修改后，由省政府发布实施。

列席：×××、×××、×××、×××。

发：×××、×××、×××、×××。

以上两份《会议纪要》，你觉得哪份更好？请说出你的理由。

_____
_____
_____
_____
_____

### 三、实施写作

请你帮会务组写作2018年××公司年会会议纪要。

写作提示：

先用思维导图列出会议纪要的会议概况，接着写出会议纪要。

### 四、任务评测

对任务实施的完成情况进行检查，并将结果填入表4-5。

表 4-5　任务测评表

| 评分内容 | 完整、准确、可行 | 较完整、较明确 | 不完整、不明确 | 备　注 |
|---|---|---|---|---|
| 会议纪要的格式是否完整 |  |  |  |  |
| 会议纪要开头部分能否准确描述会议概况 |  |  |  |  |
| 会议纪要主体部分是否体现了会议精神 |  |  |  |  |

 想一想，练一练

下面的会议纪要，只写出了部分内容，请补充其他内容。

××机电技师学院会议纪要
××机电技师学院纪〔2019〕3号

_____：2019年2月3日上午10：30。

_____：学院行政楼二楼会议室。

_____：张×、刘×、赵×、王×、丁×。

_____：张×。

会议记录：赵×。

_____：达标工作专题会议。

_____：

1月26日学院《省教育厅办公室关于报送2018年度中等职业学校职业教育基础能力建设暨办学条件达标项目建设方案和任务书的通知》（×教办〔2019〕29号），此前布置的前期准备工作，教育厅的正式文件要求，院长×××和相关部门负责人、主要工作人员举行了达标工作专题会议。会议主要内容：

1）学院办公会决定，按达标分级标准中的Ⅲ级（卓越-发达地区水平）标准进行规划建设，编制建设方案和任务书。

2）进行任务分配，参会的部门人员各负其责，最后科研处负责汇总数据、编制建设方案和任务书。

3）时间要求。

5月2日完成初稿，主管院领导审核。

5月3日学院办公会讨论、审核。

_____

_____

### 知识拓展

#### 一、会议纪要与会议记录的异同

会议纪要与会议记录都是会议文书，都具有很强的纪实性。二者的主要区别是：

1）对象不同。会议记录一般是有会必录，凡属正式会议都要做记录，作为内部资料，用于存档备查以及进一步研究问题和检查总结工作。会议纪要主要记述重要会议情况，只有当需要向上级汇报或向下级传达会议精神时，才有必要将会议记录整理成会议纪要。

2）写法不同。会议记录作为客观纪实材料，无选择性、提要性，要求原原本本地记录原文原意，且必须随着会议进程进行，越详细越好。会议纪要则有选择性、提要性，不一定要包含会议的所有内容，而且必须在会议结束后，在会议记录的基础上加工整理而成，它集中反映了会议的精神实质，具有高度的概括性和鲜明的政策性。

3）作用不同。会议记录不具备指导工作的作用，一般不向上级报送，也不向下级分发，只作为资料和凭证保存。会议纪要经过上级机关审批，就可以作为正式文件印发，有的还直接在报刊上发表，让有关单位贯彻执行，因此它对工作有指导作用。

4）性质不同。会议记录是会议情况的记录，只是原始材料，不是正式公文，一般不公开，无须传达或传阅，只作资料存档；会议纪要则是正式的公文文种，通常要在一定范围内传达或传阅，要求贯彻执行。

#### 二、如何整理会议纪要

1）做好事前准备。通常情况下，举办或召开一次会议，都涉及会议的组织筹备事宜，包括会议主题的确定、议题的收集、议程的安排及相关背景材料的准备等，有时候这些工作负责会议记录或整理会议纪要者自身会全程或部分参与，有时候则由专人负责。但无论是何种情况，主笔者都要尽可能地在事前多了解掌握相关情况，根据会议确定的议题，备齐有关背景资料，掌握会议将要研究的主要问题，以便记录整理时心中有数、查找方便。

2）忠于会议原意。记录是纪要之基，是起草纪要的蓝本和依据，因此完整、准确、清晰是其基本要求。不管是会议记录还是会议纪要，首先都必须忠实地记下会议的整个原貌，包括时间、地点、参加对象、会议议题和议程、与会者的讲话内容要点、会议总结或议定的事项等；尤其是要认真领会并忠实记录好主要领导的讲话原意，不可随意偏废。对于每一个参加会议人员的姓名、职务，都要认真落实清楚，原本标记。有时候参加会议的对象较多、内容较广、议程也较分散，记录时就要注意分门别类地按所定议题予以记录清楚。对一些不明事项，则应在会后立即予以核实，以免产生贻误或遗漏。

3）把握会议要点。会议纪要的精髓在于"要"，准确把握会议的要点是整理会议纪要的关键。要掌握会议的要点，又关键在于能抓住与会人员达成的共识和议定的事项，也就是要特别注意围绕主题，从与会者的发言中提炼出会议的观点、主张和结论。具体要做到"四善于"：一是善于区分出讨论性意见和表态性、结论性意见的差别；二是善于抓住主管领导、重点部门或某些权威人士发言的实质；三是善于领会和把握会议主持人的总结性发言；四是善于统合大多数与会者形成共识的意见。可以说，把握了以上四点，就等于把握了会议纪要的基本框架。

4）确定纪要形式。整理会议纪要绝不是把会议记录简单地再抄一遍，而是对会议记录进行综合归纳的再加工、细化和提炼的过程，必须集中精力、趁热打铁、精雕细刻；既不能把会议涉及的全部情况都事无巨细地全写上，又不能断章取义或以偏概全，只写某个人的意见，而必须围绕会议宗旨及主要成果来整理、加工、概括。根据会议纪要的特点，其正文的写法通常有四种，即综述式、分类式、条款式和摘编式，具体视会议内容而定。

① 综述式。如果会议只有一项议题，可采用综述式，即把会议研究讨论的主要问题、与会人员的统一认识和看法、会议决定的事项等综合在一起，用概述式的方法进行阐述和说明。

② 分类式或条款式。如果会议规模较大或议题在两个以上，通常用分类式或条款式。分类式即把会议的主要内容依其内在联系归纳成几个方面，然后逐层、逐段地将会议涉及的问题分别予以阐述明白，可以分条撰写或加用小标题。如果涉及的事项比较多且相对具体，则小标题下还可以把决定的事项分列成若干条，并逐条说明。

③ 摘编式。重大或重要的会议，如座谈会、学术研讨会等，也会使用摘编式，即将与会者在会上的重要性发言，以摘编摘录的形式在会议纪要上体现出来。

5）加工处理文字。一般可采取以下文字加工处理办法。

① 理顺。理顺包括两个方面的工作，一方面的工作是根据讲话内容划分不同的部分，让读者看后能够明确会议纪要的主旨和内容。一般而言，参加会议者的讲话基本是一种"即席性"的，有的可能有讲几部分的书面提纲，有的虽没有提纲，但事先也会有"大概讲几块"的考虑。像这两种情况，整理时分几个部分都比较明确。有的则事先没有提纲，也没有"讲几块"的考虑，而是全赖即席发挥，边想边讲。像这类"即兴发挥"、内容较散乱和冗长的，就应予以通览全篇、划分内容、合理取舍。另一方面的工作，就是无论哪一种"即席发挥"，整理时都要将前后交叉、"枝节"重复的内容进行分类合并，让其各归其主（即划归到各小标题下）、各表其意，使纪要提纲挈领、简明扼要。

② 修改。口头语言与书面语言的最大差别在于前者表达灵活随意而直白，后者必须严谨规范、缜密准确、逻辑分明。因此整理时必须在对记录稿的大幅度"修改"上下功夫。例如，对"估计""探讨"之类的话，就要注意"过"；对一般性、常规性的话，就要注意"漏"；对讨论性、建议性的话，就要注意"捡"；对总结类、归纳类的话，则要注意"敲"，使其更为严谨。在语言的修改方面，应尽量去除"口语"，代之以规范性的书面语言；在内容的取舍上，要注意用分析、剥离的方法，去掉"虚"的部分，保留"实"的部

分，增强可操作性；在秩序安排上，则要注意"要次分明，以主为先"，也就是重要的内容一定要安排在前面，以示突出重点。

③ 补删。会议纪要的补删工作既很重要，也很经常，同时必须坚持原则。从"补"这方面来讲，一是补缺，二是延伸。补缺，就是对应讲未讲、有必要补充的问题，整理时要补上去，也可以说是一种"补充回忆"；延伸，就是对讲得不够透彻、容易使人产生误解的问题，整理时要顺着讲话者的原意作适当补充和深化，使之更为合理、充实和完善。从"删"的方面来讲，除了注意删除前后重复的内容和与议定主题关系不大的内容外，更重要的是要注意删除那些政治敏感性比较高、不宜大范围知晓的内容，也可以说是删去那些多余的话和不具有可操作性的内容。

6）用好规范语言。会议纪要十分讲究表述层次，先写什么，后写什么要非常明确，语言要十分规范，要少用修饰词，不讲含糊不清、模棱两可的话。要站在会议的高度，综合全局的意见，而不能突出个人的意志。通常这种层次是用一些约定俗成的专用语言来表达的，如常用的规范语言有"会议听取了""会议认为""会议指出""会议要求""会议强调""会议议定"等。此外，由于会议纪要属于法定公文范畴，所以整理成文后还涉及会审、签发、分送等问题。它与其他法定公文的显著区别在于：一是文末不落款，二是不署日期，三是不缮印。同时会议纪要需使用统一规定的版式，不能以"红头文件"代替。以上这些，都是需要在实际工作中加以注意的。

# 项目五
# 活动策划文书的写作

情境描述：××学院大学生岚岚毕业后选择自主创业。随着时代的发展和人们生活理念的进一步改变，岚岚决定开设一家主题咖啡店，宣扬咖啡文化。在寻找了几个合作伙伴以后，他们开始筹划主题咖啡店。按照各自分工，由合作伙伴梁毅负责撰写一份创业策划书，其中包括市场前景、市场分析、运营模式等；由岚岚编写一份咖啡店营销策划书，以发展计划、人员配备、销售计划等方面为主；由合作伙伴赵丹撰写专题活动策划书，以某个节日活动主题开展店铺促销活动。

# 任务一
## 创业策划书的写作

 **学习目标**

**知识目标**

掌握创业策划书基本格式及写作要求。

**能力目标**

1. 会根据要求撰写创业策划书。
2. 能分析具体的情境问题、解决具体问题。
3. 能搜集信息、分析信息，进行自主探究。

**情感目标**

1. 养成事前做好计划的职业习惯。
2. 培养创新精神。

 **工作任务**

××学院大学生岚岚毕业后选择自主创业。随着时代的发展和人们生活理念的进一步改变，岚岚决定开设一家主题咖啡店，宣扬咖啡文化。在寻找了几个合作伙伴以后，他们开始筹划主题咖啡店。本次任务是为合作伙伴梁毅撰写一份创业策划书。

 **相关知识**

### 一、制订创业策划书的意义

创业策划书是创业者敲响投资者大门的"敲门砖"，一份优秀的创业策划书往往会使创业者达到事半功倍的效果。创业策划书是创业者计划创立的业务的书面摘要，它用以描述与拟创办企业相关的内外部环境条件和要素特点，为业务的发展提供指示图和衡量业务进展情况的标准，通常创业策划是市场营销、财务、生产、人力资源等职能计划的综合。

创业策划书即对自己所立创业项目的规划与具体实施细则的书面计划。

## 二、创业策划书的编写步骤

准备创业策划书是一个展望项目的未来前景、细致探索其中的合理思路、确认实施项目所需的各种必要资源、寻求所需支持的过程。需要注意的是，并非任何创业策划书都要完全包括上述全部内容，创业内容不同，相互之间差异也很大。创业策划书的编写步骤一般可以分为以下六个阶段：

第一阶段：经验学习。

第二阶段：创业构思。

第三阶段：市场调研。

第四阶段：方案起草。

第五阶段：最后修饰阶段。

第六阶段：检查修正。

## 三、创业策划书的格式

### 1. 封面

封面设计要美观，有艺术性。一个好的封面会使投资者产生最初的好感，形成良好的第一印象。封面应该包含下面这些内容：

公司名称、公司地址、联系方式（电话、电子邮箱）、公司网址、法人代表、保密须知（如有需要可以具体说明）。

### 2. 策划书摘要

策划书摘要应该浓缩创业策划书的精华。一般来说，摘要应涵盖策划书的要点，以求一目了然，让投资者在最短的时间内评审策划书，并做出判断。策划书摘要一般包括以下内容：公司介绍、管理者以及团队成员的优势背景、主要产品和业务范围、投资事业项目或产品的背景与特性说明、市场规模与预期占有率、拥有的核心竞争优势、营销策略、销售计划、生产管理计划、财务计划、资金需求状况等。

摘要要尽量简明、生动，不要长篇大论。要把你所创立企业的不同之处和企业获取成功的市场因素展现出来。

### 3. 企业介绍

这部分的目的不是描述整个计划，也不是提供另外一个概要，而是介绍公司理念以及公司的战略目标。要让投资者对他们所投资的公司有一个大概的了解。

### 4. 产品或服务

产品分析应包括以下内容：产品的概念、性能及特性，主要介绍产品的市场竞争力，产品的研究和开发过程，发展新产品的计划和成本分析，产品的市场前景预测，产品的品牌和专利等。

产品或服务要使人知道你的产品或者服务到底是什么，有什么特色，能带给客户什么利益。如果产品或服务是创新、独特的，如何让人有意愿买；如果产品或服务并不特别，为什么别人要买。

在产品或服务部分，创业者要对产品或服务做出详细的说明，说明要准确，也要通俗易懂，使不是专业人员的投资者也能明白。一般情况下，还要附上产品原型、照片或其他介绍。

### 5. 行业分析

所谓行业分析，就是正确评价所选行业的基本特点、竞争状况以及未来的发展趋势等内容。关于行业分析的基本问题是：该行业发展程度如何？现在的发展态势如何？创新和技术进步在该行业扮演着怎样的角色？该行业的总销售额有多少？总收入为多少？发展趋势怎样？价格趋向如何？经济发展对该行业的影响程度如何？政府是如何影响该行业的？什么因素决定着它的发展？竞争的本质是什么？你将采取什么样的发展策略？进入该行业的障碍是什么？你将如何克服？该行业一般的回报率有多少？

### 6. 竞争分析

在下列三种情况下，要做竞争分析，并时刻留意竞争对手的动向：①当要创业或进入一个新市场时，要先做竞争分析；②竞争有时来自直接的竞争者，有时来自其他行业，所以当一个新竞争者进入你所经营的市场时要做竞争分析；③随时随地做竞争分析。竞争分析可以从五个方面去考虑，分别是：谁是最接近的竞争者？他们的业务如何？你和他们业务相似的程度如何？你从他们那里学到了什么？你如何做得比他们好？

### 7. 人员和组织结构

在企业的生产活动中，存在着人力资源管理、技术管理、财务管理、作业管理、产品管理等活动，而人力资源管理是其中最重要的一个环节。作为创业者，要考虑以下几个方面：现在、半年内、未来三年内的人力需求是什么？还需要引进哪些专业技术人才？有专业技术的人在哪里？是需要全职的还是兼职的人？薪水是算月薪还是时薪？所提供的福利有哪些？有没有加班费？

对于任何企业来说，人都是最宝贵的资源。在创业策划书中，你还要对主要管理人员加以阐明，介绍他们所具有的能力，他们在本企业中的职务和责任，他们过去的详细经历和背景。此外，还应对公司结构做一些简要介绍，包括公司的组织机构图、各部门的功能与责任、各部门的负责人和主要成员、公司的报酬体系、公司的股东名单、公司的董事会成员、各位董事的背景资料等。

### 8. 团队管理

在创业策划书中应明确团队管理的相关事宜，包括以下几个方面的问题：自身的优、劣势分析以及创业团队之间如何互补？创业团队彼此间职务及责任如何分工？职责界定是否明确？除了团队本身，是否有其他资源可分配和获得？要知道，中小企业绝大部分的失败来自于管理缺失。对此，要有深刻的认识，并要做好充分的准备工作，以应对投资者的"刁难"。

9. 市场预测

市场预测就是预测你的产品要卖给谁，先界定目标市场在哪里，考虑的问题包括：客户的年龄层是什么范围？是在既有市场去服务既有客户，还是在既有市场去开发新客户，抑或是在新市场去服务既有客户，还是在新市场去开发新客户？

不同的市场、不同的客户都有不同的营销方式。市场营销就是先找到客户是谁，然后想办法让客户购买产品或服务。所以，在做创业策划书的时候，要知道真正的客户在哪里，产品对客户有什么样的好处，要用哪种营销方式，是直销还是要找经销商销售等。

10. 营销策略

错误的营销策略是企业经营失败的最主要原因之一。在创业策划书中，营销策略应包括以下内容：市场机构和营销渠道的选择、营销队伍的管理、促销计划和广告策略、价格决策。

具体来说，营销策略要说明你的产品定位和品牌策略。现在和未来五年内的营销策略包括销售和促销的方式、销售通路和销售点的设置方式、产品定价策略、不同销售量水平下的定价方法以及广告和销售计划的各项成本，另外，还要说明顾客服务体系建设构想和顾客关系管理的运作方式等。

11. 生产计划

在创业策划书中应详细提到产品生产计划。例如建厂计划，包括：厂房地点、设计和所需时间与成本；例流程、生产方法、质量管理方法以及制造设备的需求；物料需求结构，原料、零组件来源和成本管理，委托外制与外包管理情形；产品各项固定成本与变动成本的说明，以及详细生产成本的预估；生产计划，包括自制率、良品率、开工率、人力需求等。

12. 财务规划

财务规划的重点是现金流量表、资产负债表和损益表的制备。

流动资金是企业的生命线，因此企业在初创或扩张时，对流动资金需要预先有周详的计划并进行过程中的严格控制；损益表反映的是企业的盈利状况，是企业运作一段时间后的经营结果；资产负债表则反映某一时刻的企业状况，投资者可以用资产负债表中数据得到的比率指标来衡量企业的经营状况以及可能的投资回报率。

13. 募资说明

从企业自身发展出发，说明对于未来三年间资金的需求，以及如何满足这些资金需求，可能来源包括募资、借贷、信用融资等。创业者还要说明这次募资的资金需求、获利保障或限制条款；说明这次募资前后的股权结构变化，也需要指出一些关键投资人和经营团队在募资前后的股权变化情形；说明这次募资的使用计划，应尽量明确指出资金的具体用途；说明这次募资未来可能的投资报酬，包括回收方式、时机以及获利情形。

14. 风险管理

经营企业会有一定的风险。在创业策划书中对风险进行分析，就是为了确认投资计划可能附加的风险，并以数据方式衡量风险对投资计划的影响，目的是向投资者说明风险的应对策略。

具体来说，创业者有义务告诉投资者公司在市场、竞争和技术方面都有哪些风险、准备怎样应对这些风险、在最好和最坏的情形下的五年计划表现如何等。如果风险估计不那么准确，应该估计出误差范围到底有多大。如果可能的话，应对关键性参数做最好和最坏的设定。

### 15. 结论

这一部分就是综合前面的分析和计划，最终说明创立的企业的整体竞争优势，指出整个创业计划的利基所在，并再次强调投资者投资企业所能够预见到的远大前景。

### 16. 证明资料

在创业策划书中，还要列出一些证明资料。例如，能够证实前述各项计划的数据；详细的制造流程与技术方面的数据；各种具有公信力的佐证资料；创业者详细的经历和自传等。

当然，在编制创业策划书时，可以根据具体情况进行安排，有些内容可以整合，一般以7～10个部分为宜。

## 四、范文示例

**创业策划书**

一、创业项目：学海书屋

本书店主要面向广大中小学生以及青少年群体；本店经营的书籍种类主要包括各种教辅资料以及考试模拟试卷，同时还售卖中外名著、网络小说实体书籍和娱乐体育期刊。

二、创业地点

××省××市××路。

三、项目可行性分析

经过本人长期细致的市场调查后发现，在学校附近开书店具有稳定的客户群体，且风险较小。因此，在××市××中学斜对面开书店的项目切实可行。

优势：

1) 本书店临近××中学和××小学，拥有广大的客户群体和巨大的市场潜力，并且市场规模稳定，因此风险较低，具有稳定的发展环境。

2) 书店的书籍针对性强，定位清晰准确。教辅资料是学生学习必需的书籍，且书店中的名著、小说、娱乐体育期刊都是正版书籍，具有极高的质量保证，能够为书店赢得广大中小学生的口碑和信任，为书店的发展打下坚实基础，而且中小学生是现在名著、小说、娱乐体育期刊的主要读者，这使得书店的营收具有稳定性。

3) 书店向北靠近商业区，向南靠近区政府，具有极大的位置优势，就算在寒暑假也拥有巨大的人流量，因此对销售额不会有太大影响。

劣势：因为位置极佳，因此房租租金较高；客户群体较为单一。

机会：因为××中学靠近居民区和广场，因此可以扩大产品种类，增加养生、菜谱和工具书籍等来扩大客户群体；同时可以与两个学校进行合作，将教辅书籍以优惠价格提供给全校订购；也可以在发展过程中在全市所有中学附近开连锁书店，并与学校展开互惠合作，这样就能够将市场控制在自己手里。

威胁：市面上的盗版书籍比较多；附近几家书店的价格竞争，对本店有一定的冲击。

四、自有资金

本人目前自有资金为五万元整。

五、贷款用途

本人现有资金五万元整，已全部用来支付房租、书店装修费用以及购买书架等必须用品。预计还需贷款十万元整，其中六万元用来购买书籍和期刊，一万元用作广告宣传和其他，剩余三万元作为流动资金。

六、贷款金额

经过详细的前期分析和计划，需要贷款十万元整。

七、盈利计划

经过详细的市场调查和对其他书店经营情况的分析，本人预测了营业一年的盈利并制订了表5-1和表5-2。

表5-1 销售收入和成本　　　　　　　　　　　　　　（单位：元）

| 时间 | 销售收入 | 成本 | 工资及福利 | 租金 | 广告及杂费 | 其他 | 预计利润 |
| --- | --- | --- | --- | --- | --- | --- | --- |
| 一季度 | 60000 | 17000 | 21000 | 6000 | 1500 | 1500 | 13000 |
| 二季度 | 65000 | 18500 | 22000 | 6000 | 1800 | 1700 | 15000 |
| 三季度 | 70000 | 21100 | 24000 | 6000 | 2000 | 1900 | 15000 |
| 四季度 | 75000 | 22800 | 25000 | 6000 | 2200 | 2000 | 17000 |

表5-2 利润计划　　　　　　　　　　　　　　（单位：元）

|  | 收入 | 利润率 | 利润 |
| --- | --- | --- | --- |
| 第一年 | 280000 | 21.4% | 60000 |
| 第二年 | 300000 | 25% | 75000 |

八、还款计划

两年到期，一次还清。

### 九、风险评估

因从未从事过该行业，会面临一定风险，因此前期会谨慎小心，秉持和气生财的经营理念，坚持书本品质精良，培养忠实的客户群体，绝不冒进，更不投机，做诚信商人，以此降低经营风险。

### 十、个人总结

本人相信，在本人的努力经营下，会在未来五年内至少开五家连锁店，并且成为全市最大的知名书店。

项目执行人：××

2019 年 3 月 5 日

## 任务实施

### 一、分析案例，回答问题

通过阅读分析《创业策划书》案例，回答以下问题。

1. 该案例创业策划的创业项目是：_____
_____。

2. 该创业策划书的产品介绍是：_____
_____。

3. 该创业策划书的行业分析是：_____
_____。

4. 该创业策划书的市场分析是：_____
_____。

5. 该创业策划书的生产规划是：_____
_____。

6. 该创业策划书的人员及组织结构是：_____
_____。

7. 该创业策划书的财务规划是：_____
_____。

8. 该创业策划书的风险分析是：_____
_____。

## 二、案例分析与点评

【案例】

大学生餐饮业创业计划书

一、项目介绍

项目名称：自食其乐西餐厅。

项目目的：自食其乐西餐厅以打造优质的西餐文化和服务大众为其经营宗旨，力求开拓一片属于自己的市场。

建设地点：蚌埠市××区××学院。

市场分析：学院现有一万四千多师生，调查资料表明他们用于饮食方面的消费占了54.7%，正因如此，餐饮业是在学校创业的首选项目。小中都美食街附近是男女生聚餐最集中的地方，据调查有40.2%的师生觉得现在学校最欠缺的是就餐环境，而自食其乐西餐厅设计的正是幽雅、舒适、休闲的消费环境，这表明自食其乐西餐厅开业后会有更受欢迎的可能性。

宗旨：服务大众，优质经营，为广大消费者展现不一样的西餐文化。

经营范围：

1）推出皇牌主食套餐，经济实惠，例如：泰汁鸡扒印尼炒饭套餐、鳗鱼泰汁鸡扒焗饭套餐等，各套餐还配有汤、油菜、热奶茶或冻柠乐，最适合校园情侣品味。

2）西餐结合快餐。例如：扒类（牛扒、猪扒、鸡扒）、各式快餐、各式小食、各种中西炖汤、中西式焗饭、粉面类（意粉、米粉等）。

3）美颜甜品。例如：姜汁鲜奶雪蛤膏炖蛋、金粟南瓜西米露、粟子蓉鲜奶露、椰汁香芋西米露等，最适合爱美的女大学生品尝。

4）根据不同的季节制订一些冷饮、热饮、点心、沙拉等。例如：现磨咖啡、花式精致冰啡、香滑奶茶、特式风味茶、天然花茶、鲜榨果汁、雪糕新地、滋润甜品等。

市场营销：在西餐厅初步发展中，我公司将采用品牌策略、价格策略、促销策略等来实施创业计划，可以不同程度降低营销成本，还能建立起坚实的客户关系。随着西餐厅的发展，还将扩展体验式营销、网络营销等模式。

融资方式：由本人原有西餐厅参股人员筹措资金5万元，商业贷款5万元。

组织理念：举才而任能，走创新和专业的组合路线，实行严密的系统性、战略性管理，打造高质量的饮食文化。

组织文化：敬业创新，优质经营，人性化管理。

二、管理层

1 名店长，2 名行政人员，2 名厨师，4 名服务员。

三、研究和开发

项目开发部根据市场行情、国家政策和城市建设状况诸多因素，制作出详细的开发项目计划书。由项目开发经理审核后交予组委会评审。

（一）项目申请

1）向工商管理局有关部门申请成立一个"自食其乐西餐厅"。

2）向有关部门协商其他业务项目的经营许可。

（二）开发准备

1. 内部事务整合

根据本地区的现实状况，制订营销计划，经多方审核通过。

2. 业务项目准备

与具有相关业务的西餐厅取得联系，共同制订计划和设计方案，请求提供咨询服务。同时在广大市民中开展业务宣传，以广告、宣传单、调查问卷方式进行一定的宣传。

四、行业及市场

校园经济市场广阔，消费者是相对单纯的消费，相对外部市场竞争要小，个体经营单纯，以小投资为主。服务于学生，应该提供最优质的服务，首先，要吸引学生的注意，让他们能在最短的时间内来光顾本店；其次，是怎样达到好的营销效果。

五、财务计划

网站制作及宣传费 6000 元÷12 个月 = 500 元/月。

店面租金 20000 元/年，店面为 100m² 左右。

员工工资 1500 元/年，（员工 10 名）。

税收及水电费 9000 元/年，（税收采用定额税）。

装潢费用 50000 元÷12 个月 = 1250 元/月（装潢采用一年内分摊）。

合计总支出为 100000 元。

项目申请人：×××<br>2019 年 3 月 1 日

与范文示例相比，两份《创业策划书》你觉得哪份更好？请说出你的理由。

### 三、实施写作

请你帮梁毅写一份咖啡店创业策划书。

**写作提示：**

用思维导图列出该创业策划书的市场分析、生产规划、人员组成及组织结构、财务规划和风险分析等。在做创业策划书的过程中，需要不断去熟悉和了解相关政策，积极发现现有资源，结合实际制订创业策划书。

### 四、任务评测

对任务实施的完成情况进行检查，并将结果填入表5-3。

表5-3　任务测评表

| 评 分 内 容 | 完整、准确、明确、可行、到位 | 较完整、较可行 | 不完整、不可行 | 备　　注 |
|---|---|---|---|---|
| 创业策划书的格式是否完整 | | | | |
| 创业策划书的产品介绍是否完整 | | | | |
| 创业策划书的行业分析是否准确 | | | | |
| 创业策划书的市场分析是否准确 | | | | |
| 创业策划书的生产规划是否可行 | | | | |
| 创业策划书的人员及组织结构是否明确 | | | | |
| 创业策划书的财务规划是否可行 | | | | |
| 创业策划书的风险分析是否到位 | | | | |

 想一想，练一练

下面的创业策划书，只写出了部分内容，请补充其他内容。

奶茶店创业计划书

一、行业背景

随着我国居民生活水平的提高和消费观念的变化，饮料已从昔日的生活奢侈品转为日常生活的必需品。同时，随着消费者追求健康、天然的意识不断提高，饮料市场对品种的需求也在发生变化，享有"饮料新贵"之称的奶茶饮料开始成为饮料市场上一道亮丽的风景线。

二、店铺介绍

1. 店铺名称：青春行
2. 团队结构：_____
3. 店铺运营状况：本店实行全日营业制，营业时间为8：00—22：00，考虑到奶茶店在春夏秋冬会有淡季和旺季之分，我们将根据实际情况，适当在时间和人员上进行适当调整。

4. 产品服务与特色：本店主要提供一系列奶茶产品，如茶饮料、沙冰、刨冰、烧仙草、奶昔、咖啡等；店内装饰风格为现代简约，设有舒适隔开的小雅间，供顾客聊天休息；店内设有无线网络，可供带笔记本的顾客无线上网。

5. 本店宗旨：服务顾客，提供优质服务，把快乐带给大家，让大家在"青春行"中感受到春日里的清新、夏日里的凉爽、秋日里的收获、冬日里的温暖。

6. 本店目标：_____
_____
_____

三、店铺选址与设计方案

（一）店铺选址：商业城步行街

1. 优势

1）商业城步行街是全市人流量最大的，最具商业人气的地段。

2）周边有多所学校，人口集中，便于宣传。高校内一般都有信息交流的场所，如广播、张贴栏等，可以充分利用他们来宣传我们的产品，提高我们店的人气。

3）集体活动开展比较方便，可以采用诱导式促销手段。

2. 劣势

商业城是人口集聚地，店铺租金高，资金周转难度加大。

（二）设计方案

1）用四个柜子围成一个正方形，员工于正方形区域内工作。

2）总体分四种风格，分别用浅绿、橙色、淡黄、黑白相间代表春、夏、秋、冬，柜子贴上相应颜色的壁纸，员工配相应颜色的围裙、帽子，夏天给人以清凉爽朗的感觉，冬天给人以温暖似家的感觉。

3）使用的杯子实行一整套专业化的模式，自己找厂家订做，杯壁上印上店名、宣传口号以及店面地址。

四、市场分析

1. 产业背景分析

随着市场经济的发展，人们的收入也稳步提高；收入的增加使人们对饮食提出了新的要求。人们的饮食观念也正在发生着越来越大的变化：_____
_____

2. 市场背景分析

目前，奶茶作为一种普遍性的消费饮料，在大学生群体中非常受欢迎。然而，在高校周围并没有一个专业性的为学生服务的奶茶店。

（1）优势

1）本地的奶茶店全都开在校外，而我们的奶茶店在学生走出校外的必经之路上，可以给学生带来方便。

2）奶茶店自立品牌，以青春活力的元素吸引顾客，无需加盟，在成本上可以低于加盟店，从而可以降低单价。

3）我们以学生顾客为主要目标群体，并提供学生兼职服务，降低运营成本。而且店内设有无线网络，为自带笔记本电脑的消费者提供了学习、工作、娱乐、休闲四位一体的服务。

4）由于我们是学生创业，更加能够体会学生的需求，比如我们可以针对学生的需求做好外卖的奶茶服务业务，_____
_____
_____

（2）劣势

1）由于地段选自人流量最大的市中心地带，租金较高，店内提供优质服务，如无线网络使运营成本增加。

2）目标顾客锁定为学生群体，可能会失去部分其他消费群。

综上所述，我们认为奶茶在目前形势下的发展相当可观，简单、舒适又不失典雅的奶茶店前景更是一片光明。

五、营销策略

1. 广告策略

如何把我们"休闲，舒适"的感觉有效地传达给最终消费者呢？我们希望通过广告的方式来达到此目的。我们的广告词是"偷走世界一秒钟"，我们希望表达出一种"忙里偷闲"的概念，让人们能够在快节奏的生活中找到属于自己的宁静和休闲。

2. 促销策略

饮品上市前 在推出产品的前期，_____
_____
_____

饮品上市 一周内，向顾客免费派送小瓶装的产品，使消费者对新产品有一定的了解。目的是使消费者了解和认识产品，提高产品的知名度。

# 任务二
## 营销策划书的写作

### 学习目标

**知识目标**

掌握营销策划书的格式、写作要求、技巧。

**能力目标**

1. 能根据任务要求撰写营销策划书。
2. 能分析具体的情境问题、解决具体问题。
3. 能搜集信息、分析信息，进行自主探究。

**情感目标**

1. 培养创新务实的习惯。
2. 树立明确的学习目标，提高学习效率。

### 工作任务

在如今的市场环境下，好的产品不一定就会拥有好的市场。没有好的经营思想，没有好的营销策划方案，好产品也可能与市场失之交臂。本次任务主要是帮大学生岚岚写一份咖啡店营销策划书。

### 相关知识

#### 一、营销策划书的概念

营销策划书是指在进行产品或服务的市场销售之前，为使销售达到预期目标而进行的各种销售促进活动的整体性策划文案。

#### 二、营销策划书的分类

1）按照策划书呈报对象的不同，可分为内部营销策划书和外部营销策划书两大类。

内部营销策划书是指呈报给企业的各级领导，供其作为决策依据的策划书。外部营销策划书是指呈报给企业的顾客或经营伙伴等与企业经营相关的个人、组织或政府机构的策划书。

2）从营销策划具体对象角度，还可以细分为产品策划、价格策划、渠道策划、广告策划、促销策划、公关策划、活动策划等。

### 三、营销策划书的作用

1）准确、完整地表现营销策划的内容。策划书的内容是否能准确地传达策划者的真实意图，显得极为重要。

2）充分、有效地说服决策者。一份合格的营销策划书要做到使阅读者相信，再使阅读者认同。而策划者追求的是决策者能采纳营销策划书中的意见，并按营销策划书的内容去实施营销方案。

### 四、营销策划书的写作格式

营销策划书也称营销策划文案，是营销策划的文字报告形式。营销策划书从形式上要规范、鲜明、具体，具有形象性和可操作性。策划书的篇幅要与策划内容的繁简相一致，策划书的形式要图文并茂，策划书的语言要简约、流畅、生动、绘声绘色，策划书的结构要严谨、完善、层层递进、环环相扣、彼此照应。

一般情况下，一个完整的营销策划书的内容与格式大体上由前言、正文、结尾、附录四个部分组成。

#### 1. 前言

又可称为导言，是策划书的开头部分。其内容包括：策划专题（介绍专题的由来、背景及其意义）、指导思想（明确策划的理论依据、行为动力、基本要求和最终目标）和重点、难点与关键（重点是指策划操作中需解决的主要问题；难点是指策划过程中可能出现的困难与障碍；关键是指对策划最为紧要并起决定作用的因素）。

前言总的要求是：突出重点，明确难点，抓准关键。

#### 2. 正文

正文是策划书的主体，其内容主要有：

① 起止时间。说明本策划方案的计划从何年何月何日起开始实施，到何年何月何日止结束。时间安排要经过科学推算，既留有余地，又讲究工作效率。

② 地点环境。阐明本策划方案的操作地域、范围及内外环境，并予以分析说明。

③ 内容对象。指明本策划方案的开发项目、具体任务、主要创意及操作要点，并提出有关要求。

④ 方法手段。明确本策划方案的运行的方式方法，选择科学的操作手段，落实实施的具体措施。方法手段的选择要依据策划的内容、对象而定，要因事制宜，力求科

学有效。

⑤ 程序步骤。安排本策划方案的进程，划分运作阶段，并指明各阶段的起止时间、具体任务和主要目标，以保证策划书得以井然有序地贯彻执行。

⑥ 统计分析。分析策划实施过程中所需人力、物力、财力的基本状况，统计其标准用量，尽可能做到勤俭节约，精打细算，充分利用，少投高效。

⑦ 人员责任安排。将本策划书方案策划实施过程中各阶段的组织者、指挥者、参与者、责任人等具体安排，明确责任和权利，落实到人头。程序步骤、统计分析和人员安排可以列表展示。

### 3. 结尾

结尾是对策划方案的总结、预测和建议。其内容主要有：
① 对策划方案进行简要总结。
② 对策划方案实施过程中可能出现的问题和最终效果进行预测，并提出应对的措施。
③ 对策划方案的有关事宜及其操作提出意见和建议。

### 4. 附录

附录是随策划书附带说明的问题和展示的资料，是策划书的附件。其内容主要有：注明所引用的文献资料；列出实施中所需参考书目和经验材料；指出其他注意事项；展示操作日程表及组织机构等。最后还需注明策划书设计单位和执笔人的姓名，以及最终完成的时间。

## 五、营销策划书的写作要求

1）寻找一定的理论依据。
2）适当举例。
3）利用数字说明问题。
4）运用图表帮助理解。
5）合理利用版面安排。
6）注意细节，避免差错。

## 六、范文示例

**××饮料校园营销策划书（详细内容从略）**

一、营销现状分析
1）今夏饮料市场竞争激烈，运动饮料和功能饮料成为今夏的主角。
2）今夏饮料市场的特点有以下三点：（略）。
3）面对如此竞争"××"只有以奇制奇，积极主动，加大营销宣传。

二、市场细分与目标市场

1. 饮料市场概况

略。

2. 功能性饮料市场分析

略。

3. 消费者分析

略。

三、营销策略

(一) 产品定位

1. 定位依据

略。

2. 产品功能定位

略。

3. 产品命名、产品包装

略。

(二) 价格定位

略。

(三) 促销方案

第一期：广告宣传、校园推广（免费试喝，赞助篮、足球赛）。

时间：2014 年 5 月—6 月底。

第二期：广告宣传、社会推广、公关活动。

时间：2014 年 7 月—9 月底。

具体安排如下：

略。

(四) 经费预算

略。

## 任务实施

一、分析案例，回答问题

通过阅读分析《××饮料校园营销策划书》案例，回答以下问题。

1. 该策划书属于营销策划书的哪种类型：_____。

2. 该策划书的目的和任务是：_____。
3. 该策划书的具体作用是：_____。

## 二、案例分析与点评

【案例一】

微信营销策划书

自 2010 年微信上线以来，微信营销形成了一股风潮，众多商家无一不把眼睛瞄准这个快速发展的新应用。势不可挡的微信营销，有以下几种模式。

1. 草根广告式——查看附近的人

产品描述：微信中基于 LBS 的功能插件"查看附近的人"便可以使更多陌生人看到这种强制性广告。

功能模式：用户点击"查看附近的人"后，可以根据自己的地理位置查找到周围的微信用户。在这些附近的微信用户中，除了显示用户姓名等基本信息外，还会显示用户签名档的内容，所以用户可以利用这个免费的广告位为自己的产品打广告。

营销方式：营销人员在人流最旺盛的地方后台 24 小时运行微信，如果"查看附近的人"使用者足够多，这个广告效果也会不错。随着微信用户数量的上升，可能这个简单的签名栏也许会变成移动的"黄金广告位"。

2. 品牌活动式——漂流瓶

产品描述：移植到微信上后，漂流瓶的功能基本保留了原始简单、易上手的风格。

功能模式：漂流瓶有两个简单功能：1)"扔一个"，用户可以选择发布语音或者文字，然后投入大海中，如果有其他用户"捞"到则可以展开对话；2)"捡一个"，"捞"大海中无数个用户投放的漂流瓶，"捞"到后也可以和对方展开对话，但每个用户每天只有 20 次机会。

营销方式：微信官方可以对漂流瓶的参数进行更改，使得合作商家推广的活动在某一时间段内抛出的"漂流瓶"数量大增，普通用户"捞"到的频率也会增加。加上"漂流瓶"模式本身可以发送不同的文字内容，甚至语音小游戏等，如果营销得当，也能产生不错的营销效果。语音的模式会让用户觉得更加真实，但是如果只是纯粹的广告语，也会引起用户的反感。

3. O2O 折扣式——扫一扫

产品描述：二维码发展至今，其商业用途越来越多，所以微信也就顺应潮流结合 O2O 展开商业活动。

功能模式：将二维码图案置于取景框内，微信会帮你找到好友企业的二维码，然后你将可以获得会员折扣、商家优惠或是一些新闻资讯。

营销方式：移动应用中加入二维码扫描，然后给用户提供商家折扣和优惠，这种O2O方式早已普及开来，而类似的App在应用超市中也多到让你不知如何选择，坐拥上亿用户且活跃度足够高的微信具有此功能，价值不言而喻。

4. 互动营销式——微信公众平台

产品描述：对于大众化媒体、明星以及企业而言，如果微信开放平台和朋友圈的社交分享功能的开放，已经使得微信成为一种移动互联上不可忽视的营销渠道，那么微信公众平台的上线，则使这种营销渠道更加细化和直接。

【案例二】

银行存款营销方案

按照我行现有对公客户情况，将客户细分为2大类11小类，分别为：政府机关类客户，包括市财政类、区财政类、外县财政类、公积金系统、住建系统、社保系统、文教系统、医疗卫生系统及其他机构类客户；公司类客户，包括授信公司类客户和一般公司类客户。按照不同的客户分类，分别制订、实施专项营销方案。对各类对公客户初步拟定的营销方案如下：

一、政府机关类客户

截至3月末我行政府机关类客户存款合计为×××亿元，其中各级财政系统存款合计×××亿元，其他政府机关类客户存款较少，如医疗卫生系统存款×××亿元、文教系统存款×××亿元。

政府机关类客户具有其独特的特点和优势，根据政府机关类客户的特点和优势，拟对政府机关类客户每月开展专项攻坚活动，每月确定一个攻坚目标，集合全行统一营销。具体如下：

1. 做好信息收集工作、摸清客户情况

政府机关类客户具有较强的政策性，政策变化会对政府机关类客户产生极大的影响，做好政府机关类客户的营销工作，核心问题就是把握好政策。例如把握好政府客户、事业法人单位的组织架构、组织形态、主体资格认定等问题，国家投入和地方政府投资方向、投资运作方式、行业优惠政策等。从研究分析政策入手，把握政策变化趋势，有针对性地开展营销工作。由副行长、总监带队，通过组织人员，广泛收集客户信息。每月确定一个小类的政府机关类客户为当月主要目标，组织相关人员重点了解政策信息、摸清客户情况，结合收集到的客户信息和我行目前的客户情况，为全面介入营销工作打好基础。

2. 根据掌握信息，做好联动营销

按照客户所属部门或条线细分客户类型，确定具体的公关对象，由副行长、总监带队，相关支行行长为成员形成攻坚小组，每月确定一个攻坚条线，通过突破其中一个客户或上级机关的方式，开展专项联合攻坚行动，拓展我行在该条线的市场份额。

政府机关类客户具有专业集中、条块管理分明、管理标准相对独立的特点，客户之间往往具有较强的同一性，可利用同一条线客户之间的联系进行统一营销，如借助卫生局的关系统一营销各医院客户、利用教育局统一联系营销各学校客户等。

3. 做好延伸营销和综合营销

对于已建立联系的客户，由支行（部）指派专人进行日常维护，比照授信业务的贷后管理模式，对该客户进行维护管理，及时掌握客户资金变动情况，做好下游客户的营销。

政府机关类客户具有延伸性和综合性。该类客户具有资金源头作用，可以通过他们做好拓展下游客户的前期准备，开发下游客户的金融需求和延伸服务的需求。营销政府机关类客户在做好资产和负债联动营销的同时，应有计划、有步骤、有系统地营销相关下游客户，充分发挥这些客户授信营销风险相对较小、存款营销潜力较大的优势，整体推进，打好长期稳定合作的基础。

4. 加强考核激励机制

对各攻坚小组每月攻坚情况进行考核，按时反馈攻坚营销情况，对成功介入目标客户的支行（部）进行奖励。奖励方案如下：

（1）月度攻坚目标新增考核　本考核以该月确定的攻坚目标客户在我行的存款月日均环比增长>0为启动条件，以各支行（部）该类客户存款月日均增量为评价指标。按照该类客户在我行存款月日均环比增量的1元/万，提取月度攻坚奖励，由该类客户存款增长支行按照增长比例分配。

（2）月度政府机关客户增长考核　本考核以所有政府机关类客户在我行的存款月日均环比增长>0为启动条件，以各支行（部）该类客户存款月日均增量为评价指标。按照该类客户在我行存款月日均环比增量的1元/万，提取月度攻坚奖励，由该类客户存款增长支行按照增长比例分配。

二、公司类客户

（一）授信公司类客户

截至3月底，我行对公贷款达×××亿元，但授信公司类客户存款仅为×××亿元，授信客户贷款与存款之比仅为1:××，存款比例严重偏低。据了解，部分同业在向客户发放贷款时，提出的存款条件为贷款:存款比例达到1:1，甚至达到1:2。

对于现有的授信客户，应进一步深入挖掘客户潜力，从日常结算和存款等方面，进一步提高其对我行的综合贡献。拟由副行长、总监、支行行长形成攻坚小组，对各支行授信客户进行攻坚，加大授信客户存款占比。同时围绕现有客户的上下游关系，选择部分优质客户开展产业链营销。

（二）一般公司类客户

要求各支行（部）梳理现有的一般公司类客户，深入了解客户需求，如授信融资、代发工资、代理收付、上门收款等多项业务需求。通过发展授信业务等多项业务，增强客户对我行的依赖性，同时提升其对我行的综合贡献度。

以上两份《营销活动策划书》，你觉得哪份更好？请说出你的理由。

_____
_____
_____
_____

### 三、实施写作

请你帮岚岚写一份咖啡店营销策划书。

**写作提示：**

先用思维导图列出该营销策划书的格式要求，再列出策划书的各个写作要素，最后列出策划书的整体内容概念。在做策划的过程中，需要不断与各部门就以上事宜进行沟通。

### 四、任务评测

对任务实施的完成情况进行检查，并将结果填入表5-4。

表5-4　任务测评表

| 评分内容 | 完整、正确、可行 | 较完整、较可行 | 不完整、不可行 | 备注 |
|---|---|---|---|---|
| 策划书的格式是否正确 | | | | |
| 策划书的写作要素是否完整 | | | | |
| 策划书的整体内容是否可行 | | | | |

想一想，练一练

下面的表格式策划书，只写出了营销策划的项目，请补充表5-5中的其他内容。

表5-5 ××销售公司营销策划表

| 主题<br>（营销策划项目） | 项目介绍 | 市场分析 | 营销策略 | 行动计划 |
|---|---|---|---|---|
| "渴能"饮料促销方案 | | | | |
| 服装营销策划书 | | | | |
| ××护肤品营销策划书 | | | | |

**知识拓展**

营销公文撰写技巧

公文最早产生于西周，主要用于国家祭祀或处理国家政务，出现于孔子的《尚书》，如"汤誓"，就是伐殷的誓词。公文到先秦时期开始规范为制、诏、奏、议，后经历千年的发展，逐渐成为处理国家事务的重要工具。随着新中国的成立，营销公文开始适用于不同领域及行业。营销公文的撰写技巧及方法如下：

### 一、营销公文分类

营销公文根据其营销工作需要分为几大类：
1）调查类公文；
2）营销战略规划类公文；
3）策略类公文；
4）总结类公文。

### 二、营销公文的写作要点

1）要善于总结。要对每日、每周、每月工作进行总结、分析，通过不断总结掌握基础资料与数据，这些是构成营销公文的基础，而且善于总结才能善于分析，营销公文是帮助贯彻和实现营销目标的工具。

2）要善于学习。一方面要博览群书，掌握营销专业理论知识，因为理论知识是武装头脑的有力武器，是提高专业水平与分析能力的良好工具。一个连基本4P营销理论都不能掌握的人是不可能做好营销公文的。而且一些诸如波士顿矩阵图、SWOT分析方法都是营销人员重要的分析工具。另一方面是向他人学习，向同事、上级甚至下级、客户学习，学习解决在实践中出现的问题。一个好的营销人员不光是善于讲、要更善于听，只有具有丰富的专业知识和实践经验才能在营销公文中做到游刃有余，言之有物。

3）要善于借鉴。写一篇优秀的营销公文不仅要掌握营销的知识，还要掌握公文知识。公文原来是政府用于处理政务的重要工具，历经多年的改进已相当完善，所以借鉴一些成熟的公文技巧与格式，对于完成一篇营销公文意义非凡。虽然营销公文还未像行政公文一样有固定的格式和要求，但同样也需要严谨的文风、有序的段落和鲜明的主题。

4）要善于练习。"只要功夫深，铁杵磨成针"，写营销公文和其他文章相同，写作能力非朝夕而就，需要不断进行练习，才能锻炼自己的文字组织能力、表达能力。营销公文和其他文章最大的区别就是"一个说事，一个说故事"，前者要以事实为根据，不能进行虚构，而后者主要通过虚构表达作者的思想，只有笔耕不辍，才能在日积月累中不断提高。

### 三、写作营销公文应注意的几个细节

#### 1. 语言简练

语言简练是公文写作的基本要求，营销公文更是如此。营销公文不允许洋洋洒洒、长篇大论，因为长篇大论无论对写作者还是审阅者都是一件劳心费神之事，所以写作营销公文必须要简单明了。

#### 2. 段落清晰

和写文章一样，营销公文也要段落有致，而不能杂乱无章。每个段落所表达的内容必须一致，符合行文的一般规律，不能使用很特别的行文方式。营销公文和行政公文要求基本类似，都要有标题、行文对象、主要内容、落款和日期等必不可少的要素。

#### 3. 叙事清楚

公文最忌讳叙事不清，因为公文的主要作用就是议事和论事的，如果连表达什么都说不清的话，那就失去公文的基本职能了。

#### 4. 有理有据

营销公文最重要的是要完成营销目标和申请资源，所以在表达需求之前必须要有充分的论据，要言之凿凿，符合正常逻辑。例如写作一篇需要渠道促销的计划时，在开头把目的写为"树立品牌，打击竞品"，这就过于笼统了，任何营销行为都和"树立品牌、打击竞品"相关，如果改成："为增加分销商及零售商利润，提高其主销我司产品的积极性"，就明确多了，获得审批的可能性也大大提高了。

#### 5. 图表并存

营销公文要求简练，最直接的方式莫过于用图表的表达方式，既直观，又便于理解。现在很多比较规范的公司汇报工作基本都用幻灯片文件（PPT），这样就要求大量数据和分析通过图表方式来展现。

#### 6. 通俗易懂

由于大部分营销理论都来自西方，而且很多营销人员为显示自己的水平，常用一些专业英文术语来表达，这种方式不是不能用，但不能滥用。要用通俗易懂的表达方式，尽量使用中文，否则会限制公文的效果。公文只有所有人理解并明白才是最有价值的。

# 任务三
## 专题活动策划书的写作

### 学习目标

**知识目标**

掌握专题活动策划书基本格式及写作要求。

**能力目标**

1. 会根据要求撰写专题活动策划书。
2. 能分析具体的情境问题、解决具体问题。
3. 能搜集信息、分析信息,进行自主探究。

**情感目标**

1. 培养自主完成项目任务的意识。
2. 发展关键职业能力,使协同完成任务的情感得到升华。

### 工作任务

为了提高品牌市场占有率,提升店铺知名度及美誉度,以盈利为主、品牌宣传为辅,准备在特定的场合、特定的时间、针对特定的群体开展促销活动。本次任务是替赵丹写一份专题活动策划书。

### 相关知识

#### 一、制订专题活动策划书的意义

所谓专题活动,是指社会组织为了某一明确目的,在某一特定时机围绕某一特定主题而精心策划的大众活动。通过社会组织与公众的互动沟通,使公众对组织从了解到认可,是组织提升主体形象、扩大社会影响力的有效途径。

为了让专题活动的举办更为顺利,首先要对活动目标、组织方式、时间安排、活动预算、活动流程等进行全盘考虑,而把这些内容用文件的形式反映出来的,就是专题活动策划书。专题活动策划是计划的一种类型。

## 二、专题活动策划的主要特点及功能

### 1. 专题活动策划具有大众传播性

一个好的专题活动策划一定会注重受众的参与性及互动性。有的专题活动策划会把公益性也引入活动中来，这本身既与报纸媒体一贯的公信力相结合，又能够激发品牌在群众中的美誉度，甚至活动的本身就具有一定的新闻价值，能够在第一时间传播出去，引起公众的注意。

### 2. 专题活动策划具有深层阐释功能

广告本身所具有的属性，决定了它不可以采取全面陈述的方式来表现。但是，专题活动策划可以把企业要传达的目标信息传播得更准确、详尽。

### 3. 专题活动策划具备公关职能

专题活动的策划往往是围绕一个主题展开的，这种主题大多是有关环保、节约能源等贴近群众生活，能够获得广大消费者美誉度的。通过这些主题的开展，可以最大限度地树立起品牌形象，从而使消费者不单单从产品中获得使用价值，更能从中获得精神层面的满足与喜悦。广告宣传尤其是公益广告的宣传有时也能够取得公关效应，但远不能与专题活动策划公关职能的实效性、立体性相比。

## 三、专题活动策划的要素

### 1. 可信度

要专题活动策划得好，还要求有一定的可信度，在大多数情况下，可信度源自方案的执行力。特别是专业从事专题活动策划的公司，专题活动策划得再好，没有足够的资源实施也是不行的。长年的活动举办经验，不但能为专题活动策划者提供丰富的经验，更重要的是能累积足够的执行资源。

### 2. 吸引力

对目标受众的吸引力大小是专题活动策划成功与否的根本。在一个专题活动策划中，要充分吸引用户的注意，就必须抓住目标特别关注的热点，对用户动之以情，晓之以利，激发用户的兴趣。要提高活动的吸引力，需要有构思，策划的主题要可以满足用户的好奇心、价值表现、荣誉感、责任感、利益等各方面的需求，还要给予恰当的物质鼓励，这将会大大地提高目标受众的重视度以及参加意愿。

### 3. 关联性

专题活动策划内容要和活动本身目的紧密衔接，要擅长整合关联性较强的事及资源。专题活动策划没有关联性是不行的。

### 4. 执行力

专题活动策划不单单需要前期精心的准备，还需要最大限度地执行。执行力首要表现在具体的任务描绘、任务流程步骤、执行人员、执行时间、突发事情的处置计划等。在活动执行的进程中若是出现问题，引起客户的不满情绪，那活动的推广作用就会打折扣，甚至起到反作用。因此慎重有序的执行力，是整个活动推广中十分重要的要素。在活动前，关于整个活动的活动计划应进行反复推敲。大型的线下推广活动，为保障执行顺利，最好有提前进行训练和演习。在活动中要统一指挥，严格有序地执行计划，顺利开展活动。

### 5. 传达力

企业在开展活动推广时，是希望把它的品牌文化传达给更多的用户群体，最大限度地起到品牌宣传效果，活动推广的传达力表现在活动前、中、后的各个时期。活动前，要引起用户的兴趣和重视，为活动预热；活动中，要做好活动组织工作，把活动的内容与主题集中展现出来，经过用户的参加，获取用户对企业及企业文化的反馈；活动完毕后，要把宣传效应进一步分散和延伸、例如经过其他的信息传达媒介，把活动的影响力进一步扩展，获取更大的商业价值。

## 四、专题活动策划书写作的基本步骤

### 1. 选定主题

主题是整个策划书的灵魂。主题是对活动内容的高度概括，是活动所要达到具体目的的主要理念，是统领整个活动、连接各个项目、各个步骤的纽带。专题活动要为广大公众接受，就必须选好主题。

活动的主题是多样的，它既可以是一句口号，例如"为了千千万万个失学儿童""迎接奥运，爱我中华"；也可以是陈述式表白，例如雅戈尔："中国的皮尔·卡丹"，步步高："世间自有公道，付出总有回报，说到不如做到，要做就做最好"。主题看似简单，但设计难度很大，它既要虚拟、拔高，又不能空洞、口号化，必须贴近受众心理。

### 2. 确定日期

日期的选择一般较为灵活，策划人员首先要将日期和时间确定下来，以便作具体的时间安排，并将其列入组织计划中。

### 3. 地点选择

策划人员在选择活动地点时必须考虑公众分布情况、活动性质、活动经费以及可行性等因素。

### 4. 通知

要通知具体日程安排，可设计日程计划表，明确起止日期和公众宣传日程。

### 5. 费用预算

无论举办什么活动，都要考虑成本问题。策划人员应计划如何用有限的资金支付各项费用，并估计可能需要的各种支出，准备呈报上级批准。

## 五、专题活动策划书的格式

专题活动策划书通常由标题、正文、落款三部分构成。

1. 标题

专题活动策划书的标题一般由"活动主题+策划书"组成，例如：宿舍文化活动策划书。尽可能具体地写出策划项目名称，例如："'放飞理想'活动策划书"，并置于页面中央。避免使用诸如"社团活动策划书"等模糊标题。

2. 正文

正文部分由活动背景、活动目的及意义、活动要素、活动主题、活动流程、活动经费预算、活动中应注意的问题及细节、活动负责人及主要参与者等八个部分构成。

（1）活动背景　根据策划书的特点应选取重点内容进行阐述，例如基本内容简介、活动开展原因、在活动开展单位产生什么影响，以及对活动的预测和规划等。

（2）活动目的及意义　正文中专题活动的目的、意义应用简洁明了的语言将目的要点表述清楚；在陈述目的要点时，该活动的核心构成或策划的独到之处及由此产生的意义都应该明确写出。

例如：学雷锋活动策划书。通过此次学雷锋活动，让同学们感受、体验现实生活中的雷锋精神，同时让同学们在合作中感受集体合作的可贵，建立良好的班风、学风。

（3）活动要素　包括时间、地点、面向的对象、组织分工等。在这里应注意，分配任务要以人为单位，而不能说某件事"你们几个做"，这样这件事情基本做不好。

（4）活动主题　根据活动的具体内容拟定能够全面概括活动的主题。

（5）活动流程　专题活动策划的活动流程也就是活动实施步骤，它要说明策划实施的程序和时间安排，基本可分为三部分：1）准备阶段，包括活动的申请、宣传、通知、场地安排等；2）活动阶段，按活动当天发展的时间先后顺序，分条详细列出整个过程，可以设计时间表或者流程图示等；3）活动结束，进行总结、宣传报道、结果公示或宣布、收尾等工作。

作为策划书的正文部分，表现方式要简洁明了，让人容易理解。在此部分中，不仅仅局限于用文字表述，也可适当加入统计图表等。对活动的各工作项目，应按照时间的先后顺序排列。绘制实施时间表有助于方案核查。另外，人员的组织配置、活动对象、相应权责也应在这部分加以说明。

（6）活动经费预算　经费预算指的是专题活动的各项费用在根据实际情况进行具体、周密的计算后得出的费用，应用清晰明了的形式列出。

（7）活动中应注意的问题及细节　由于内外环境的变化，不可避免地会给方案的执行带来一些不确定性因素，因此，当环境变化时是否有应变措施、损失的概率是多少、造成的损失多大等也应在策划书中加以说明。

（8）活动负责人及主要参与者　专题活动策划书必须注明组织者、参与者姓名、单位（如果是小组策划应注明小组名称、负责人）。

3. 落款

包括活动主办单位及写作策划书的时间。

## 六、范文示例

**2019年"文明行车，礼让斑马线"活动方案**

为了更好地提升文明城市形象，增强公司干部职工文明意识，减少不文明行为的发生。根据市交通运输局的通知精神，经研究，决定在全公司全面开展"文明行车，礼让斑马线"活动。现制订实施方案如下：

一、工作目标

紧紧围绕全国文明城市创建要求，以司乘人员为重点，积极引导机动车驾驶员树立良好的文明意识，自觉革除不良陋习，维护城区公共环境卫生，增强市民文明出行意识，提升社会文明程度，使"讲文明，树新风"常态化。

二、工作标准

1）机动车行经人行横道时，应当减速行驶。

2）机动车遇行人正在横穿马路时，应当停车让行。

3）机动车在没有交通信号的道路上行驶时，应避让行人。

三、活动时间

2019年2月28日—2019年10月31日。

四、活动内容

1）公司文明办要利用板报、标语、微信、短信平台向公司干部职工发送宣传信息，提示驾驶人员出行时要自觉遵守礼让斑马线的规定。

2）公司所属各部门要将礼让斑马线活动内容传递给每一位员工，尤其是有车驾驶人。

五、工作要求

1）各部门要把开展"文明行车，礼让斑马线"专项活动作为巩固提升全国文明城市的重要内容抓好抓实。

2）各部门要做好对驾驶员、职工的宣传教育工作，积极营造良好的舆论环境和活动氛围。

××客运有限公司<br>2019年2月20日

 **任务实施**

一、分析案例，回答问题

通过阅读分析《2019年"文明行车，礼让斑马线"活动方案》案例，回答以下问题。

1. 该专题活动策划属于哪种类型的专题活动策划：_____
_____
2. 该专题活动策划的目的和任务：_____
_____
3. 该专题活动策划的措施和办法：_____
_____
4. 该专题活动策划的步骤和时间：_____
_____

## 二、案例分析与点评

【案例一】

"心灵驿站"宣传活动策划书

一、活动目的

为了给同学们创造一个可以相互沟通交流的途径，希望同学们可以用一纸信笺，尽情地释放心语。卸下那沉重得足以让我们疲惫不堪的包袱，让心灵得到放松；撕去让我们感到很累的伪装，把那些怀念、后悔、遗憾、难过统统丢弃在这里，在这里会有另外一个"他"或"她"用文字的话语帮我们将它们融化。在这个"心灵驿站"里我们都可以找到治愈心灵之伤的良药！

二、活动主题

构建心灵交流的桥梁，让我们的心在这里打个小盹儿。

三、活动时间

2019年2月23日（周六）—2019年2月24日（周日）。

四、活动地点

食堂门口。

五、活动简介

在"心灵驿站"活动中，希望可以帮助一部分同学找到笔友，倾诉现实生活中的难言之隐。同学们可向看不见、触不到的笔友打开心窗，敞开心扉。

六、活动安排

1. 活动前期

由学习部负责制作活动宣传单，制作好后由学工助理在活动前发放到同学们手中，同时还要给他们进行详细的讲解；办公室负责联系各专业辅导员通知到班级心理健康委员，让他们在班里进行宣传，同时用微信或者QQ在班里发布活动通知；宣传部负责制作海报，张贴在学校的宣传栏；信息部负责制作电子版海报。

2. 活动现场

① 中心助理要提前到达食堂门口摆好桌子、展板，对来往的同学宣传活动，并引导他们参与活动，登记姓名、联系方式等，并由中心助理帮他们随机配对找笔友，等活动结束后再通知他们活动结果。

② 活动中，组织者要尽量使气氛活跃起来，同时其他助理也要辅助组织者活跃现场气氛，防止出现冷场现象。组织者还要加强与同学们之间的互动，使每一位参与者都能快乐地融入活动之中。

③ 助理还要注意拍照。

3. 活动结束

整理照片，清理场地，办公室及时写通讯稿，并及时发布。

七、注意事项

1）活动的负责人在活动前将物品和人员安排到位并在活动前一天再次确认有相关职责的助理清晰地了解自己的任务，以确保活动的顺利进行。

2）活动应该设计一个预备方案，针对活动中可能出现的意外情况进行应急处理与合理变动。

院心理协会<br>2019 年 2 月 15 日

【案例二】

"放飞理想"宣传活动策划书

一、活动目的

通过活动可以让更多的大学生找到活力、动力，树立积极向上的价值观、人生观，找到自己的优缺点和人生目标。增强自尊、自信、自我方向感。在探索自身的同时思考自己的生涯规划、放飞理想。

二、活动主题

点亮星空，放飞理想。

三、活动时间

2019 年 3 月 17 日。

四、活动简介

学工助理提前准备好数只记号笔、5 个"孔明灯"、若干打火机等。等参加活动的人到达东操场，一切准备就绪后，让同学们 10 个人一组用记号笔在"孔明灯"上写下自己的心愿或者理想，然后一起点亮"孔明灯"，真诚地祈愿后放飞。

五、活动准备

1. 前期准备

1）宣传部在活动前一个星期即安排好本部成员，制作醒目的宣传海报，并将其张贴在人流量多、醒目的位置；另外信息部负责电子版海报，在校园网上宣传。

2）在食堂门口设立摆台点，吸引学生前来报名参加。同时由助理在其班级进行宣传（报满50人为止）。

2. 现场准备

将报名参加活动的人分为5个小组，每个小组10人，在学工助理的引导下放飞"孔明灯"，放飞理想。

2019年3月12日

以上两份《专题活动策划书》，你觉得哪份更好？请说出你的理由。

_____
_____
_____
_____

## 三、实施写作

请你帮赵丹写一份节日专题活动策划书。

**写作提示：**

先用思维导图列出该专题活动的目的和任务、措施和办法、步骤和时间。在做专题活动策划的过程中，需要不断与上级部门和场地提供方对以上事宜进行沟通。

## 四、任务评测

对任务实施的完成情况进行检查，并将结果填入表5-6。

表5-6　任务测评表

| 评分内容 | 完整、明确、可行 | 较完整、较可行 | 不完整、不可行 | 备注 |
| --- | --- | --- | --- | --- |
| 专题活动策划书的格式是否完整 | | | | |
| 专题活动策划书目的表述是否明确 | | | | |
| 专题活动策划书的措施是否可行 | | | | |
| 专题活动策划书的时间、地点等要素是否明确 | | | | |

想一想，练一练

下面的专题活动策划书，只写出了部分内容，请补充其他内容。

"心之愿"送祝福宣传_____

一、_____

通过此次活动给同学们传达祝福，给同宿舍的、同班的、同校的同学，送去温馨而平凡的祝福，用一只普通却饱含浓浓感情的纸鹤传达我们的心意吧！给我们单调的生活注入温情，让同学们感受到大学生活的丰富乐趣。

二、_____

真诚祈愿，纸鹤传情。

三、_____

2019年3月4—6日。

四、_____

食堂门口。

五、_____

如果有什么想说又不好当面说出来的话，抑或是想匿名为朋友送上祝福，都可以通过此次活动一纸传情。只要亲手写下祝福的话语，亲手折好一只小纸鹤，交给活动的学工助理就可以让祝福飞到思念的人身边。

六、_____

1. 前期准备

宣传部在活动前一个星期即安排好本部成员，制作醒目的宣传海报，并将其张贴在人流量多、醒目的位置；另外信息部负责电子版海报，在校园网上宣传。

2. 活动期间

在食堂门口设立摆台点，吸引学生前来报名参加。同时由助理在其班级进行宣传。收集同学精心准备好的纸鹤，助理带领所有参与活动的同学做好信息登记。

3. 活动后期

根据参加活动的同学留下的联系方式，将送纸鹤的任务平均分配给每位助理，助理再根据同学们留下的联系方式送去纸鹤，送去祝福。

七、_____

1）安排人员在食堂门口、各宿舍楼门口张贴宣传海报。

2）安排维护人员引导学生登记信息，安排照相人员照相。

3）安排人员写好宣传稿，挂在校园网上对活动进行报道。

4）活动结束后，就此次活动的相关情况进行讨论，找出不足之处加以注意，避免在下次的活动中犯类似的错误。

2019 年 3 月 1 日

 **知识拓展**

一份好的专题活动策划书，不仅能够给企业带来流量，而且能够稳定客户，积累企业在业界的口碑。一个好的专题活动策划书，必然能够带来很多订单，那么如何才能够做好一份专题活动策划书呢？有哪些需要注意的地方呢？

### 一、了解企业目的和用户需求

一个好的专题活动策划书，必须是要了解企业的活动目的的，要想达到一定的效果，用户的需求也是必须要了解的，只有这样活动才能达到预期效果。

### 二、确定活动的主题定位

活动的主题定位也是吸引用户的关键，必须要结合以往活动成功或者失败的经验，这样才能够让活动主题更加夺人眼球。

### 三、制订多元化活动促销方式

既然是线下的活动，必然涉及的用户也是不可控的，因此，必须要针对不同的用户采取不同的营销方式，这样才能够达到宣传和促销的目的。

### 四、注重活动场景的搭建

在线下做活动，不仅策划的内容很关键，活动的场景搭建也是很关键的，只有结合内容来做一些场景搭建，这样才能够让用户印象深刻。

### 五、突出产品的背后实力

一般在线下做活动，直观的感受才是能够吸引用户关注的关键，因此，只有尽可能地突出产品的实力和价值，这样才能够真正打动消费者。

一场完美的专题活动策划，必然需要大家一起出谋划策，作为活动策划的策划人员，必须与团队不断沟通，征求大家的宝贵意见，这样才能够将活动做好，达到最佳的宣传效果。

# 项目六
# 科研论文的写作

情境描述：小新是一所机电技师学院的学生，在本学期开学初，学院安排小新所在的班级到浙江杭州一家股份有限公司进行教学生产实习，为期4个月。在教学生产实习结束后，小新的班级回到了学院继续上理论课。根据学院教务处教学管理的工作要求，外出实习的每位同学必须写一份实习报告上交给学院教务处存档，以便了解他们的实习情况。很快一个学期已经结束，下学期小新马上就要面临毕业，老师给同学们布置了撰写毕业论文的任务。

# 任务一
## 实习报告的写作

### 学习目标

**知识目标**

掌握实习报告的基本格式及写作要求。

**能力目标**

1. 掌握实习报告的写作步骤。
2. 能明确实习目的,具体描述实习过程中的工作任务和实习内容。
3. 能培养观察问题、分析问题、解决问题的能力和方法,培养学生的团结合作精神,牢固树立学生的群体意识。

**情感目标**

校外生产实习会对学生的理论学习起到很好的促进作用。通过撰写实习报告,可以更好地巩固、补充学习的理论知识,强化实践技能,锻炼综合技能与全面素质。

### 工作任务

校外生产实习是学生学习生活过程中一个非常重要的实践环节,是学生培养计划中的重要组成部分,为磨炼学生意志,使其充分接触社会并贴近未来工作岗位、解决学生对机械类专业岗位的认知等问题,现经与浙江省杭州市一家股份有限公司联系,安排学生到该公司进行为期至少4个月的生产实习。在实习期结束后,请你代替小新完成撰写实习报告的工作任务。

### 相关知识

#### 一、实习报告的概念、特点及种类

1. 概念

实习报告是在校大中专学生完成一定专业课程或全部专业课程,根据教学计划到工作岗

位上参加社会实践结束后，对实习过程、结果以及体会用书面文字写出来的材料。

2. 特点

（1）感受性　实习报告的重点是写出参加实习后自身经历了什么，收获了什么，感受到了什么。将理论应用到实践中，并有所收获和感受是实习的目的和意义。

（2）自身性　实习报告是实习人报告自己实习过程中的收获和体会，不是他人实习过程的汇报和概括。

（3）客观性　实习报告是对实习情况进行客观的记录，对自己的成功与失败进行客观的总结，不可凭空想象、任意虚构。

（4）概括性　实习报告要记录实习的过程，但不是事无巨细，有事必录，而是有目的、有重点地记录，是用概括的方式总结实习过程中的点点滴滴，反映出将知识化为能力的过程。

3. 种类

1）根据实习的单位不同，可分为酒店实习报告、会计实习报告、营销实习报告等。

2）根据实习的时间不同，可分为阶段实习报告、暑假实习报告、寒假实习报告、毕业实习报告等。

## 二、实习报告的结构及基本格式

### 1. 实习报告的结构

实习报告通常由标题、署名、内容摘要、正文四部分组成。

### 2. 实习报告的基本格式

（1）标题　标题可以直接写"实习报告"，或者由实习时间加"实习报告"组成，如"毕业生实习报告"；也可由正副标题组成，正标题是对实习报告内容主旨的概括，副标题由时间加"实习报告"组成。

（2）署名　标题之下署报告人的姓名。

（3）内容摘要　简要概括实习时间、地点、基本情况和实习体会。

（4）正文　正文主要包括实习概况、实习过程及实习内容、实习体会。

1）实习概况。主要记录实习的基本情况，如时间、地点、实习单位、任务安排，或把实践感受、实习结果用高度概括的语言反映出来。

2）实习过程及实习内容。这是报告主体内容的一部分，包括实习中所承担的工作任务、工作环节、具体做法；观察周围人是如何工作的，他们的工作态度、工作方法、工作作风、为人处世等对自己有何启示。总之，将自己的所见、所闻有逻辑地写出来。

3）实习体会。对实习内容和过程进行理性分析，总结出自己的一些理性认识，包括收获、体会等，同时客观地认识自己的不足之处，以便明确今后的努力方向。

实习报告的写法因人因事而异。上述几方面可以分块来写，也可以经验体会为"经"，以实习内容、做法为"纬"来组织文章结构。不管采用哪种结构，上述内容都不可或缺。

## 三、范文示例

人事专员实习报告
文秘20××级1班 杨紫
20××年××月××日

一、实习目的

在大学毕业之际,毕业实习是极为重要的实践性学习环节,通过实习的阶段性学习,能够为我们之后走向社会从事人力资源管理工作奠定良好的工作基础。在大学里,我们学习的专业课程主要是人力资源管理专业六大板块的理论知识,只有通过实实在在的实习,才能发现我们自身存在的不足,才能更加深刻地了解人力资源的工作内容及性质,在实践中加深对专业理论知识的认识和总结,将专业知识与实际接轨,逐步认识与体会,从而更好地将所学的理论知识运用到工作中去,为以后毕业走上工作岗位打下一定的基础。

二、实习时间

20××年×月×日至×月×日

三、实习地点

××科技股份有限公司行政人事部

四、实习过程及内容

(一)实习单位情况

××科技股份有限公司是一家集太阳能电池片和太阳能组件的研发、制造、销售和技术服务为一体的新型高新技术企业,是国内太阳能××发电产品制造商和销售商。公司生产的高性能太阳能电池和组件,技术水平位于国内同行业前列。公司主要涉及的市场领域是太阳能电池、组件和××发电系统等,产品可广泛应用到通信、交通、照明、广电、国防和海事等众多领域。

(二)实习内容

当踏出了大学这扇门,就意味着要踏上职业生涯的道路,经过这几个月的学习,我学到了很多,感悟了很多;特别是在公司领导和同事的关心和指导下,我认真完成领导交付的工作,和公司同事之间能够通力合作,关系相处融洽而和睦,配合各部门负责人完成各项工作;积极学习新知识、技能,注重自身发展和进步,学会了很多技能,增加了相关的经验。现将实习情况总结如下:

第一、建立员工档案。1)给员工办好入职手续,包括签订保密协议、担保书、劳动合同、办工作证等;2)完成员工的试用期转正工作,审核申请书、述职报告等。

第二、考勤管理,完成每月考勤记录,并根据考勤情况进行薪资计算与发放。计算薪资需要严谨细心的态度以及高度的责任感。

第三、办公物资申请、发放、管理。办公物资的领用、发放、管理也是办公室管理的一项重要内容，要做到合理、规范使用，并且要及时满足各部门的需要。

第四、办理离职手续。给员工办理离职手续，员工离职需要经过交接工作任务环节，确保生产正常进行，并且要解除劳动合同协议。

第五、办理员工社保。我所做的工作是要及时统计新进员工资料，办理社保，并每隔一段时间到社保中心办理医保卡。另外，当遇到员工有工伤、生育等保险事务时要及时按照一定的程序办理。

五、实习体会

我在实习过程中发现，理论与实际有很大差距。我们在大学里学的知识可能很难运用到工作中来，或者根本行不通！同时，走到社会中去，形形色色的人都有，有些比较坦诚，有些城府很深，因而对于不同类型的人用同一种方式去沟通是很难行得通的！所以，在言谈举止方面都要不断提升自己，抱着"空杯"的状态去学习，只有拿出实实在在的业绩，才能说服别人！

世界上没有随随便便的成功，只有努力付出才会有回报！我深知自己的职业之路还很长，所以在今后的工作和学习中，我会更加严格要求自己，虚心向领导、同事学习，我相信凭着自己高度的责任心和自信心，一定能够取长补短，争取在各方面取得更大的进步。来到这里工作，不论在敬业精神、思想境界，还是在业务素质、工作能力上都得到了很大的进步与提高，这也激励我在工作中不断前进与完善。

## 任务实施

### 一、分析案例，回答问题

通过阅读分析《人事专员实习报告》案例，回答下列问题。

1. 该实习报告属于哪种类型的报告？

1）按实习的单位不同划分属于：＿＿＿＿＿＿＿＿＿＿＿＿＿＿＿＿＿＿＿＿。

2）按实习的时间不同划分属于：＿＿＿＿＿＿＿＿＿＿＿＿＿＿＿＿＿＿＿＿。

2. 该实习报告的实习基本情况（阐述时间、地点、实习单位、任务安排的问题）：
＿＿＿＿＿＿＿＿＿＿＿＿＿＿＿＿＿＿＿＿＿＿＿＿＿＿＿＿＿＿＿＿＿＿＿＿＿＿＿＿＿＿＿＿＿＿＿＿＿＿＿＿＿＿＿＿＿＿＿＿＿＿＿＿＿＿＿＿＿＿＿＿＿＿＿。

3. 该实习报告的实习过程和实习内容（阐述实习中承担的工作任务、工作环节、具体做法等问题）：

4. 该实习报告的实习体会（能对实习内容和过程进行理论性分析，总结出自己的一些理性认识）：
_____
_____
_____

## 二、案例分析与点评

【案例】

**2017 暑假外贸公司实习的实习报告**

李磊　2017 年 5 月 11 日

2017 年的暑假，将是我学生生涯的最后一个暑假，充满期待又满怀焦虑。毕业以后，我能挤过百万就业军的独木桥吗？能胜任公司交给我的任务吗？相信这是每一位即将毕业的大学生都在思考的问题。

因此，怀着对自己未来的打算和期望，我假期前就详细安排了自己的假期计划。

从我的专业看，外贸公司是一个不错的对口工作。母亲试着给我联系了一家不错的外贸公司，可是由于我们学院放假太迟，那边的实习生人数已满，我错过了一次机会。幸运的是被告之可以一个月之后再去联系。

于是，我选择了自己另外一大兴趣——电脑行业。怀着对电脑行业极大的崇拜和向往，我来到了杭州一家大型电脑市场。经过几次碰壁，我最终在一家电脑个体商户落户。没有报酬，也不管饭，可是得到了一个实习的机会。就这样，从技术再到销售，我不断向各位师傅请教，相继学会了有关装机、装系统、装应用软件的基本操作，在客户需要时还根据客户要求上门服务。为了保证我学到的东西能够切实规范化、系统化，我要求自己每天都必须认真消化平时所学到的东西。

实习期间我争取一切可能的机会让自己动手，短短的几天时间我装过几部电脑，也曾到过用户家中为用户解决问题，我对电脑的一般性故障也能做一定的维护，具备了一定的产品真伪鉴别能力，同时我还学到了很多经营技巧，对电脑的总体认识和把握也有显著的提高。

为了拓宽自己的电脑知识面，我每天回家后还抓紧时间从网上搜索一些电脑常识，深感互联网带来的巨大便利，否则那么多的问题期待同事们解答是不可能的。

如此半个月下来，我感觉学到好多，庆幸自己把握住了这次机会，当然也深知自己已学的不过是九牛一毛，我更需不断努力，正如同事们所说的"技术知识是靠积累的！"

走出了电脑公司，迎接仅剩为期两周的外贸实习。对我来说，能进这样一家外贸公司，是一个不错的机会！市中心的商务楼，给人愉悦的感觉；年龄相仿的同事，给人亲切的感觉；如此多的外贸实务可以学习，给人挑战性的感觉！总之，我对哪怕短短十天的实习也充满了期待！

　　如今，短短两周的实习已接近尾声，回顾过来，激动之余，诸多感慨！

　　处在这样的白领办公场所，没有看到或者感受到任何勾心斗角的事情不知是有幸还是不幸，同事们也说起所在的单位的氛围的确不错，相互相处都很和谐。

　　工作其实并没有太大难度，看到单位同事最常头痛的事便是为某个贸易环节出错而烦恼。国际贸易的中间环节多，涉及面广，除交易双方当事人外，还涉及商检、运输、保险、金融、车站、港口和海关等部门以及各种中间商和代理商。如果哪个环节出了问题，就会影响整笔交易的正常进行，并有可能引起法律上的纠纷。

　　因此，从制作外销合同、订单到报检、报关一整个跟单流程，业务员要很了解客人对产品的要求，包括商标、规格、包装等，并且要清楚客人想要哪些证书。因此我们在制作订单时要根据外销合同上面条款的要求制作，不要遗漏任何一项条款。

　　制单时还要认真仔细，讲究一步到位！任何一个字母或数字的出错都会在报检和报关时无法通过，造成交货的延误，从而给公司带来不必要的财力、人力和信誉上的损失。

　　经过为期十天的实习，我渐渐明白有时实际要比理论简单直接得多，但大多数情况下实际操作还是比理论要复杂、要间接。通常是我在别人的实际操作中领会到了自己所学理论的重点及要旨。值得庆幸的是在这十天的时间里，公司的同事给予了我热情的指导和帮助，使我在理论运用于实践的同时，也在实践中更加深刻地理解了以前没有理解透彻的知识。经过这些天的实习，我对贸易公司也有了更深刻的了解，也初步熟悉了进口业务的实际操作。更重要的是，这是我踏入社会的第一步，虽然只有十天的时间，但是也让我看到了自己的很多欠缺，让我深知进入社会，还需要很多学校里学不到的能力。

　　假期快结束了，想着又要回到学校，接下来在学校的每一天再也不能像往常一样无忧无虑了，心中不免怀念起儿时的轻松和快乐。凭借着这份与众不同的收获，待我重回校园，怀揣着这笔财富，我会充满信心地走下去！

　　与范文示例相比，两份实习报告，你觉得哪份更好？请说出你的理由。

_____

_____

_____

_____

### 三、实施写作

请你以小新的身份撰写一份实习报告。

**写作提示：**

用思维导图列出实习的基本情况（阐述时间、地点、实习单位、任务安排的问题），实习过程和实习内容（阐述实习中承担的工作任务、工作环节、具体做法等问题），实习体会（能对实习内容和过程进行理论性分析，总结出自己的一些理性认识）。

### 四、任务评测

对任务实施的完成情况进行检查，并将结果填入表6-1。

表6-1 任务测评表

| 评分内容 | 完整、明确 | 较完整、较明确 | 不完整、不明确 | 备注 |
|---|---|---|---|---|
| 实习报告的基本格式是否完整 | | | | |
| 实习报告的实习基本情况是否完整 | | | | |
| 实习报告的实习过程和实习内容是否明确 | | | | |
| 实习报告的实习体会是否完整 | | | | |

 想一想，练一练

1. 为什么我们需要撰写实习报告？

2. 为提高学生素质，促进理论与实践相结合，2018年3月—6月，××技师学院招生就业处组织该校2017级机电一体化专业学生到该市机床厂进行了为期4个月的顶岗实习。实习期间，这些学生根据自己所在的不同岗位，分别参与了该厂数控机床的安装、检测和维修工作。招生就业处的工作人员也经常到该厂了解学生的实习情况。

实习结束后，按照要求，每位学生要书面向招生就业处汇报本人的实习情况，招生就业处要书面向学院汇报全体学生的实习情况。请你完成一份实习报告上交招生就业处。

# 任务二
## 毕业论文的写作

**学习目标**

知识目标
1. 掌握毕业论文的概念、特点和分类。
2. 掌握毕业论文的写作格式。

能力目标
1. 能掌握毕业论文的选题方法和技巧。
2. 能运用开题报告制订论文写作提纲。
3. 能掌握毕业论文搜集素材的方法。
4. 能掌握毕业论文的写作格式。

情感目标
1. 能正确进行毕业论文的写作,提高自身的综合专业研究能力。
2. 培养学生的科学研究能力,加强综合运用所学知识、理论和技能解决实际问题的训练。

**工作任务**

在 4 个月的教学生产实习结束后,小新的班级回到了学院继续上理论课。很快一个学期已经结束,下学期小新马上就要面临毕业,老师给同学们布置了撰写毕业论文的任务。

**相关知识**

### 一、毕业论文的概念、特点和分类

**1. 概念**

毕业论文指经过教师指导,由高等院校毕业生本人撰写,针对本专业的某一专题的科学研究工作的过程、方法和成果的学术论文。

## 2. 特点

（1）**理论性**　毕业论文要求对带有普遍意义的规律加以论述，把从感性升华到理性的认识过程记录下来。

（2）**创造性**　毕业论文要有价值，必须有自己独到的见解，有自己的创见。

（3）**科学性**　毕业论文要能够通过研究，从已知推出未知的科学结论，这样才能成功用于指导实践。

（4）**专业性**　毕业论文是学生就所学专业的某一专题进行的科学研究，在内容上有很强的专业性，语言上也常用专业术语表达。

## 3. 分类

毕业论文是学术论文的一种形式，为了进一步探讨和掌握毕业论文的写作规律和特点，需要对毕业论文进行分类。由于毕业论文本身的内容和性质不同，研究领域、对象、方法、表现方式不同，因此，毕业论文有不同的分类方法。

（1）**按内容性质和研究方法的不同分**　可以把毕业论文分为理论性论文、实验性论文、描述性论文和设计性论文。理论性论文具体又可分成两种：一种是以纯粹的抽象理论为研究对象，研究方法是严密的理论推导和数学运算，有的也涉及实验与观测，用以验证论点的正确性；另一种是以对客观事物和现象的调查、考察所得观测资料以及有关文献资料数据为研究对象，研究方法是对有关资料进行分析、综合、概括、抽象，通过归纳、演绎、类比，提出某种新的理论和新的见解。

（2）**按议论的性质不同分**　可以把毕业论文分为立论文和驳论文。立论性的论文是指从正面阐述论证自己的观点和主张。一篇论文侧重于以立论为主，就属于立论性论文。立论文要求论点鲜明，论据充分，论证严密，以理和事实服人。驳论性的论文是指通过反驳别人的论点来树立自己的论点和主张。如果论文侧重于以驳论为主，批驳某些错误的观点、见解、理论，就属于驳论性的论文。驳论文除有论点、论据、论证以外，还要求针锋相对，据理力争。

（3）**按研究问题的大小不同分**　可以把毕业论文分为宏观论文和微观论文。凡是国家全局性、带有普遍性并对局部工作有一定指导意义的论文，称为宏观论文，它研究的面比较宽广，影响面较宽。反之，研究局部性、具体问题的论文，是微观论文，它对具体工作有指导意义，影响的面窄一些。

（4）**综合性分类**　另外还有一种综合性的分类方法，即把毕业论文分为专题型、论辩型、综述型和综合型四大类：

1）专题型论文。它是在分析前人研究成果的基础上，以直接论述的形式发表见解，从正面提出某学科中某一学术问题的一种论文。例如《浅析领导者突出工作重点的方法与艺术》一文，从正面论述了突出重点的工作方法的意义、方法和原则，它表明了作者对突出工作重点方法的肯定和理解。

2）论辩型论文。它是针对他人在某学科中某一学术问题的见解，凭借充分的论据，着重揭露其不足或错误之处，通过论辩形式来发表见解的一种论文。例如《家庭联产承包责任制改变了农村集体所有制性质吗？》一文，是针对"家庭联产承包责任制改变了农村集体所有制性质"的观点，进行了有理有据的驳斥和分析，以论辩的形式阐发了"家庭联产承包责任制并没有改变农村集体所有制"的观点。另外，针对几种不同意见或社会普遍流行的错误看法，以正面理由加以辩驳的论文，也属于论辩型论文。

3）综述型论文。它是在归纳、总结前人或今人对某学科中某一学术问题已有研究成果的基础上，加以介绍或评论，从而发表自己见解的一种论文。

4）综合型论文。它是一种将综述型和论辩型两种形式论文有机结合起来写成的一种论文。例如《关于中国民族关系史上的几个问题》一文既介绍了研究民族关系史的现状，又提出了几个值得研究的问题。因此，它是一篇综合型的论文。

## 二、毕业论文的写作

毕业论文是教学科研过程的一个环节，也是学业成绩考核和评定的一种重要方式。毕业论文的目的在于总结学生在校期间的学习成果，培养学生综合地创造性地运用所学的全部专业知识和技能解决较为复杂问题的能力，并使他们得到科学研究的基本训练。

### 1. 标题

标题是文章的眉目。各类文章的标题，样式繁多，但无论是何种形式，总要以全部或不同的侧面体现作者的写作意图、文章主旨。

### 2. 内容提要

内容提要是全文内容的缩影。在这里，作者以极简洁的笔墨，勾画出全文的整体面目；提出主要论点、揭示论文的研究成果、简要叙述全文的框架结构。

内容提要是正文的附属部分，一般放置在论文的篇首。写作内容提要的目的在于：

1）为了使指导老师在未审阅论文全文时，先对文章的主要内容有个大体上的了解，知道研究所取得的主要成果，研究的主要逻辑顺序。

2）为了使其他读者通过阅读内容提要，就能大略了解作者所研究的问题，假如产生共鸣，则再进一步阅读全文。在这里，内容提要成了把论文推荐给众多读者的"广告"。因此，内容提要应把论文的主要观点提示出来，便于读者一看就能了解论文内容的要点。论文提要要求写得简明而又全面，不要冗长而抓不住要点或者只有观点却缺乏说明观点的材料。

### 3. 关键词

关键词是标示文献关键主题内容、但未经规范处理的主题词，它是为了文献标引工作，从论文中选取出来，用以表示全文主要内容信息款目的单词或术语。一篇论文可选取 3~8 个词作为关键词。

### 4. 正文

正文包括前言、本论、结论三个部分。

1）前言（引言）是论文的开头部分，主要说明论文写作的目的、现实意义、对所研究问题的认识，并提出论文的中心论点等。前言要写得简明扼要，篇幅不要太长。

2）本论是毕业论文的主体，包括研究内容与方法、实验材料、实验结果与分析（讨论）等。在本部分要运用各方面的研究方法和实验结果，分析问题、论证观点，尽量反映出自己的科研能力和学术水平。

3）结论是毕业论文的收尾部分，是围绕本论文所做的结束语。其基本的要点就是要总结全文，加深题意。结论应是毕业论文的最终的、总体的论述，换句话说，结论应是整篇论文的结局、是整篇论文的归宿，而不是某一局部问题或某一分支问题的结论，也不是正文中各段的小结的简单重复。论文结论应当体现作者更深层的认识，且应是从全篇论文的全部材料出发，经过推理、判断、归纳等逻辑分析过程而得到的新的学术总观念、总见解。结论可采用"结论"等字样，要求精练、准确地阐述自己的创造性工作或新的见解的意义和作用，还可提出需要进一步讨论的问题和建议。结论应该准确、完整、明确、精练。

#### 5. 参考文献

在学术论文后一般应列出参考文献（表），其目的有3个，即：

1）为了能反映出真实的科学依据。
2）为了体现严肃的科学态度，分清是自己的观点或成果还是别人的观点或成果。
3）为了对前人的科学成果表示尊重，同时也是为了指明引用资料出处，便于检索。

毕业论文的撰写应本着严谨、求实的科学态度，凡有引用他人成果之处，均应列于参考文献中，并且只列出正文中以标注形式引用或参考的有关著作和论文，参考文献应按正文中出现的顺序列出。

#### 6. 致谢

致谢语句可以放在正文后，体现对下列方面致谢：国家科学基金，资助研究工作的奖学金基金，合同单位，资助或支持的企业、组织或个人；协助完成研究工作和提供便利条件的组织或个人；在研究工作中提出建议和提供帮助的人；给予转载和引用权的资料、图片、文献、研究思想和设想的所有者；其他应感谢的组织和人。我们毕业论文中的致谢主要是感谢导师以及对论文工作有直接贡献与帮助的人士和单位。

#### 7. 附录

对于一些不宜放入正文中、但作为毕业论文又是不可缺少的部分，或有重要参考价值的内容，可编入毕业论文附录中。例如问卷调查原件、数据、图表及其说明等。

### 三、毕业论文需注意的六个要点

#### 1. 选题

选题是论文写作关键的第一步，直接关系论文的质量。常言说："题好文一半"。例如，对于临床护理专业，选择论文题目要注意：①要结合学习、工作实际，根据自己所熟悉的专业和研究兴趣，适当选择有理论和实践意义的课题；②论文写作选题宜小不宜大，只要在学术的某一领域或某一点上，有自己的一得之见，或成功的经验，或失败的教训，或新的观点和认识，言之有物、读之有益，就可作为选题；③论文写作选题要查看文献资料，既可了解别人对这个问题的研究达到了什么程度，也可借鉴他人对这个问题的研究成果。

需要指出，论文写作选题与论文的标题既有关系又不是一回事。标题是在选题基础上拟定的，是选题的高度概括。但选题及写作不应受标题限制，有时在写作过程中，选题未变，标题却几经修改变动。

### 2. 设计

设计是在论文写作选题确定之后，进一步提出问题并计划解决问题的初步方案，以便使科研和写作顺利进行。例如护理论文设计应包括以下几方面：①专业设计：根据选题的需要及现有技术条件所提出的研究方案；②统计学设计：运用卫生统计学的方法所提出的统计学处理方案，这种设计对含有实验对比样本的护理论文的写作尤为重要；③写作设计：为拟定提纲与执笔写作所考虑的初步方案。总之，设计是科研和论文写作的蓝图，没有"蓝图"就无法工作。

### 3. 实验与观察

以临床护理专业为例，从事基础或临床护理科学研究与撰写论文，进行必要的动物实验或临床观察是极重要的一步，既是获得客观结果以引出正确结论的基本过程，也是积累论文资料准备写作的重要途径。实验是根据研究目的、利用各种物质手段（实验仪器、动物等）、探索客观规律的方法；观察则是为了揭示现象背后的原因及其规律而有意识地对自然现象加以考察。二者的主要作用都在于搜集科学事实，获得科研的感性材料，发展和检验科学理论。

### 4. 资料搜集与处理

资料是构成论文的基础。在确定选题、进行设计以及必要的观察与实验之后，做好资料的搜集与处理工作，是为论文写作所做的进一步准备。

论文写作资料可分为第一手资料与第二手资料。前者也称为第一性资料或直接资料，是指作者亲自参与调查、研究或体察到的东西，例如在实验或观察中所做的记录等，都属于这类资料；后者也称为第二性资料或间接资料，是指有关专业或专题文献资料，主要靠平时的学习积累。在获得足够资料的基础上，还要进行加工处理，使之系统化和条理化，便于应用。对于论文写作，这两类资料必不可少，要恰当地将它们运用到论文写作中去，注意区别主次。特别对于文献资料要在充分消化吸收的基础上适当引用，不要喧宾夺主。对于第一手资料的运用也要做到真实、准确、无误。

### 5. 论文写作提纲

拟定论文提纲也是论文写作过程中的重要一步，可以说从此进入正式的写作阶段。①要对学术论文的基本型（常用格式）有一定了解，并根据自己掌握的资料考虑论文的构成形式。对于初学论文写作者，可参考已发表的论文类型，做到心中有数。②要对掌握的资料做进一步研究，通盘考虑众多材料的取舍和运用，做到论点突出、论据可靠、论证有力，各部分内容衔接得体。③要考虑论文提纲的详略程度。论文提纲可分为粗纲和细纲两种，前者只是提示各部分要点，不涉及材料和论文的展开，对于有经验的论文作者可以采用。但对初学论文写作者，最好拟一个比较详细的写作提纲，不但要提出论文各部分要点，而且要对其中所涉及的材料和材料的详略安排以及各部分之间的相互关系等都有所反映，写作即可得心应手。

### 6. 执笔写作

执笔写作标志着科研工作已进入表达成果的阶段。在有了好的选题、丰富的材料和详细的提纲基础上，执笔写作应该是顺利的，但也不可掉以轻心。一篇高质量的学术论文，内容当然要充实，但形式也不可不讲究，文字表达要精炼确切、语法修辞要合乎规范、句子长短要适度。特别应注意，一定要采用科技语体，用陈述句表达，减少或避免感叹、抒情等语句及俗言俚语，也不要在论文开头或结尾无关联系党政领导及其言论或政治形势。

论文写作也和其他文体写作一样，存在着思维的连续性。因此，在写作时要尽量排除各种干扰，使思维活动连续下去，集中精力，力求一气呵成。对于篇幅较长的论文，也要部分一气呵成，中途不要停顿，这样写作效果较好。

## 四、范文示例

### 机械设计制造及其自动化发展方向的研究

摘要：本文主要对传统的机械设计制造和机械自动化进行比较，提出了具有智能化的特征是现代机械和传统机械在功能上的本质区别。机械自动化在各行各业的应用和发展，显现出了机械自动化产品的优点和效益，即多功能化、高效率、高可靠性、省材料、省能源，这些优点可不断满足人们生活和生产多元化需求。

文章从系统的观念出发，综合论述了机械技术、微电子技术、自动化技术及过控技术在化工生产中的应用。着重列举了锅炉汽包水位的控制、冷却剂流量和气氨排量的最佳控制方案。提出了过程自动化控制今后的主要目标，指明了机械设计制造及其自动化的发展方向。

关键词：设计制造；自动化；产品；发展；方向。

第一章　前言

1.1　机械自动化的产生和定义

早在1971年，日本的《机械设计》杂志副刊上就刊登了机电一体化这一名词，后来随着机电一体化的发展而被广泛应用。美国机械工程师协会于1984年为现代机械作了如下定义："由计算机信息网络协调与控制的，用于完成包括机械力、运动和能量流等动力学任务的机械和（或）机电部件相互联系的系统"。它与前面提及的机电一体化是一致的，因此可以说现代机械就是指机电一体化系统。20世纪90年代国际机器与机构理论联合会，给出了这样的定义："机电一体化是精密机械工程、电子控制和系统思想在产品设计和制造过程中的协同结合"。因此又可以说机电一体化就是在机械设计制造及其自动化基础上的发展。

### 1.2 机械自动化的科学技术

机械设计制造及其自动化是以机械技术和电子技术为主体，多门技术学科相互渗透、相互结合的产物，是正在发展和逐渐完善的一门新兴的边缘学科。机械自动化使机械工业的技术结构、产品结构、功能与构成、生产方式及管理体系发生了巨大变化，使工业生产由"机械电气化"迈入了以"机械自动化"为特征的发展阶段。

它发展至今已经成为一门有着自身体系的新型学科，随着生产和科学技术的发展，还将不断被赋予新的内容。其最基本的特征可概括为：机械自动化的设计制造是从系统的观点出发，综合运用机械技术、微电子技术、自动控制技术、计算机技术、信息技术、传感检测技术、电力电子技术、接口技术、信息变换技术以及软件编程技术等群体技术，根据系统功能目标和优化组织结构目标，在多功能、高质量、高可靠性、低能耗的意义上实现特定功能价值并使整个系统最优化的系统工程技术。

需要强调的是，机械自动化技术是基于上述群体技术有机融合的一种综合性技术，而不是机械技术以及其他新技术的简单组合、拼凑，这就是现代机械与机械电气化在概念上的根本区别。现代机械设计制造出的产品，不仅是人和手与肢体的延伸，还是人的感官与头脑的延伸，具有智能化的特征是现代机械自动化和传统的机械在功能上的本质区别。

### 第二章 机械设计制造及自动化的设计原则

（略）

### 第三章 机械自动化系统在化工生产中的应用

（略）

### 第四章 机械自动化系统的优点与效益

（略）

### 第五章 机械设计制造及其自动化的发展方向

（略）

### 第六章 结论

因为现代机械自动化在设计和制造上具有多功能、高质量、高可靠性、低能耗的意义，所以机械的设计、制造都是围绕着机械自动化来进行的。

机械自动化技术所面临的共性关键技术是传感检测技术、信息处理技术、伺服驱动技术、自动化控制技术、接口技术、精密机械技术及系统总体技术等。所以说，机械自动化系统就是机电一体化系统。机电一体化的发展就是机械自动化的发展，所以广大设计人员应清醒地认识到机械设计制造只有向机械自动化设计制造方向发展，才是机械工业发展的唯一出路。所以设计人员不能只热衷于技术引进，不能仅仅安心于作为新技术的传播者，而应该作为新技术产业化的创造者，为机电一体化技术发展开辟广阔的天地。

**参考文献**

[1] 刘武发，刘德平. 机电一体化设计基础［M］. 北京：化学工业出版社，2007.

[2] 杨世明. 机械设计［M］. 北京：电子工业出版社，2007.

[3] 张建民，等. 机电一体化系统设计［M］. 北京：高等教育出版社，2001.

[4] 赵松年，张奇鹏. 机电一体化机械系统设计［M］. 北京：机械工业出版社，1996.

[5] 齐卫红. 过程控制系统［M］. 北京：电子工业出版社，2007.

[6] 刘巨良. 过程控制仪表［M］. 北京：化学工业出版社，1998.

[7] 温希东. 自动控制原理及其应用［M］. 西安：西安电子科技大学出版社，2004.

[8] 王树青. 工业过程控制工程［M］. 北京：化学工业出版社，2003.

[9] 陆德民. 石油化工自动化控制设计手册［M］. 北京：化学工业出版社，2000.

[10] 孙虎章. 自动化控制原理［M］. 北京：中央广播电视大学出版社，1994.

[11] 蒋慰孙. 过程控制工程［M］. 北京：化学工业出版社. 1999.

## 任务实施

### 一、分析案例，回答问题

通过阅读分析《机械设计制造及其自动化发展方向的研究》案例，回答下列问题。

1. 该毕业论文属于哪种类型？

1）按内容性质和研究方法的不同划分属于：_____。

2）按议论的性质不同划分属于：_____。

3）按研究问题的大小不同划分属于：_____。

4）按综合性的分类方法不同划分属于：_____。

2. 该毕业论文的选题是否恰当（阐述选题的原因和研究意义等问题）？
_____
_____

3. 该毕业论文摘要部分包含的核心信息是（研究目的、背景、方法、结果和结论等信息）：
_____
_____

4. 该毕业论文的核心部分是什么？主要观点是哪些？

## 二、案例分析与点评

【案例一】

幼师音乐教育探讨（幼师专业）

摘要：在人的一生中，幼儿期是最重要的阶段，而幼儿期的音乐教育对人的成长有着极其重要的作用。目前在幼儿音乐教育中，幼师的教育教学水平，已不适应现代教育理念和人才市场的需求。提高幼师的整体素质，突出幼师音乐教育的师范性已成为现代幼师音乐教育的重要课题。

关键词：幼师；音乐；教育

音乐教育作为素质教育的一个重要组成部分，对促进学生素质全面和谐地发展，发挥着不可替代的作用。而要提高国民音乐教育的质量必须从幼儿园抓起，从建立一支合格的幼儿音乐教师队伍抓起。因此，幼儿师范学校必须把音乐教育放在十分重要的位置上。

但是，长期以来，由于受专业院校教学体系和模式的影响，在一些幼师（包括中师）中普遍存在着重技巧训练，轻教学能力培养的弊端。鉴于此，笔者认为，幼师专业的音乐教育一定要突出"师范性"的特点。要转变旧的教育理念，制订出切实可行的教学措施，为社会培养一批具有较高音乐素质、适应现代幼儿音乐教育的新型幼儿教师。

一、重视音乐教育，明确培养目标

对于音乐教育在幼儿教育中的作用很多人并不了解，因此，我们必须纠正一些错误现象。让未来的幼儿教育工作者真正了解音乐教育对幼儿身体的发展、语言的发展、知识的发展、情感和意志的发展、个性和社会性的发展起着重要作用，转变原有的陈旧观念，认清新世纪形势下幼儿音乐教育的重要性。

学前儿童音乐教育的根本目的是通过音乐教育活动使儿童获得全面和谐的发展。幼儿音乐教育主要是培养幼儿对唱歌、旋律、倾听等音乐内容的兴趣和热情，教给幼儿感受和表现音乐美的方法、手段和途径，使他们有能力以声音、节奏为手段去表现所感受到的音乐情感，并能够富有热情、表现力和创造性地进行表演。

因此，我们必须明确幼师培养目标是让学生毕业后，到幼儿园去做一个合格的幼儿教师，教给幼儿一些简单的音乐技能，培养幼儿的音乐兴趣和素质，使幼儿能够健康和谐地全面发展，而不是培养他们个个都成为音乐家。

## 二、探索教学方法，提高教学效果

要培养适应社会需求的、素养全面的新型幼儿教师，就必须在教学过程中探索适宜的教学方法，提高幼儿音乐教育的质量。

1. 激发学生学习兴趣

为了丰富学生对作品的理解，增强对音乐艺术的热爱，教师应经常通过良好的示范演奏和深入浅出的讲解来启发引导学生，让学生以一种兴趣浓厚、积极舒畅的心情接受教师指导。

2. 注重伴奏能力的培养

首先对一些幼儿歌曲伴奏曲式、调式、风格、情绪进行分类，并对和声及伴奏音型进行分析，以此帮助学生掌握编配歌曲伴奏的规律。其次，让学生多做编配儿歌伴奏的练习及音阶琶音练习，熟悉各种大、小调的音位，以便在以后教学伴奏时灵活运用，以达到熟练掌握的程度。与此同时，还要培养学生边弹边唱的习惯，做到心、手、口一致，从易到难。通过训练，达到学生能够运用自如地弹唱。

3. 开设欣赏课

对幼师学生适当开设欣赏课，也是十分必要的。欣赏课可以提高学生对音乐作品的感受、想象、理解、鉴赏能力，还可以引导学生用已有的知识分析理解作品，以提高对音乐作品从形式到内容的分析能力，还要识别音乐作品的年龄适应性，什么样的音乐作品适合何种年龄的幼儿，敏锐地察觉音乐作品内涵，以便在以后的教学过程中有效地将音乐作品的教育潜力转化为幼儿的发展。

4. 让学生参加音乐活动与实践

首先，定期举行汇报会，每学期一次大型汇报会，每月一次小型汇报会。通过一些合唱（大合唱或小合唱）、独唱、弹奏、舞蹈等节目，让学生将所学到的知识以汇报会的形式展示出来，以达到巩固的目的。其次，参加区、市等举办的各种文艺会演、竞赛活动，锻炼、培养学生的表演能力，使得课堂教学与课外活动密切配合，达到丰富学生的音乐素养、拓宽学生的知识视野的目的。

## 三、加强修养教育，提升幼师整体素质

作为一名教育工作者，师德直接影响到教育的质量和效果。要培养新世纪的新型人才，必须造就一支具有高尚师德的教师队伍。以往的师德教育片面地把目光集中在师范学校教师身上，对幼师学生的师德教育不够重视，没有把师生两者结合起来进行师德教育。首先，幼师学校的音乐教师应具有高尚的师德，她们不仅应有先进的教育思想和教育理念，还应精通专业学科知识、技能，掌握现代教学方法及教学手段。

【案例二】

## 中专生应如何学习计算机（计算机专业）

摘要：中等专业学校的培养目标是培养熟练的专业技术员，使其具有较好的专业基础知识和较强的专业实践技能，才能增强学生的就业竞争力。

关键词：中专生；技能培养；专业技能；就业

中专学生的培养目标是培养熟练的专业技术人员即实用型人才，使之具有相应专业较好的基础知识和较强的专业实践技能。针对计算机专业特点，中专生要学好计算机，首先要注意掌握扎实的基本功，其次要认清专业课对计算机的重要性，最后要掌握正确的学习方法。这样才能增强学生的就业竞争力。

首先，要走出思想误区。很多中专生选择计算机专业的目标不正确，有许多是因为喜欢玩游戏才学习计算机，一旦真正接触计算机专业知识后发现与其最初的想法差距很大，就可能丧失了学习的动力。明确目标后，中专生要想真正学好计算机，首先必须扎实掌握基本功，不能好高骛远去追求尖端的计算机技术。

例如有的学生一上课就说想学习黑客技术，这是一种极不正确的想法。中专生起点是初中基础，大家一定要将自己定位在一个正确的水平上，如果单纯追求高水平的计算机知识只能是事倍功半。中专生应当将自己首先定位在操作员水平上，只要扎实掌握基础知识，熟练操作各种软件，这样就达到了要求。

同时，计算机软件的更新速度如此之快，它的使用周期最多是几年，学生在校期间无论学习什么软件，将来在工作岗位中或许都会被新的应用软件所取代。但中专生必须认识到，无论是系统软件还是应用软件，它们的使用都有相近之处，每一种软件的更新升级也都是以前一版本为基础，升级后只是功能更强、使用更简捷。

所以，教师在授课中把一套系统的内容详细讲给学生，如果学生能认真学习并掌握，即使将来软件更新了、升级了，凭自己扎实的基础也能在较短的时间内掌握。

其次，在中专学校，对计算机专业和非计算机专业学生的要求肯定是不同的，这点我们从课时安排的数量、广度和深度方面也不难看出。中专生应在重视计算机课的同时学好、学精其他专业课，学生必须分清自己专业的主次课程，如果盲目地学习，最后会因方向和方法的错误而一无所成。

对于非计算机专业学生来说，当今社会各种工作已经离不开计算机的协助，无论是常用 Office 办公软件，还是一些数据库都已经深深地融入我们的工作环境当中，对于非计算机专业的学生，除了要学好本专业的课程以外，仍需要掌握计算机的基础知识和基本操作技能，这样才能在工作当中更加得心应手。例如，文秘专业应主要以文字处理为主，学习一些办公自动化的软件，如 Word、Excel；服装设计专业应学习一些和绘画、制作有关的软件，如 CorelDRAW、Photoshop 等。

而对于计算机专业的学生，要认识到计算机是为我们提供服务的机器，我们学习的各种软件和编程都是为了解决工作中的实际问题，然而计算机体系庞大，要想全面掌握是不可能的。所以，我们不但要掌握计算机体系中各分支的基本知识和技能，还要根据自己的特点和专长，有针对性地选择学习计算机的某一方向，例如有的主攻软件，有的倾向于网络等。

例如，如果让一个没有绘画基础的学生学习动画设计，不但专业不对口，而且又没有该方面的特长，即使学了也只能学习它的基本工具的运用，而不能学到它的精华，更不能在此领域上有更深的造诣。因比，要结合专业特点和自身特点去学精、学透专业知识，使所学的知识能学有所用，使个人能力得以充分地发挥。总之，在广泛掌握基础知识的同时要有针对性，并且熟练掌握其操作技能，这样在将来就业时也有了目的性。

最后，作为一个教育工作者，深化职业教育改革，全面实施素质教育，提高师德素养，提高教学质量，培养德智双馨人才，是落实全教会精神，培养跨世纪合格人才的需要。

要端正教学态度，在正确认识现阶段中专学生的基础上，满腔热情地对待学生，要因材施教，有针对性地培养学生，帮助学生树立自信心和目标，教他们学会学习，终身受益，人人能学有所成。所以希望所有的中专生都能深刻认识到学习计算机的重要性，并能懂得结合自身特点选择正确的学习方向，使所学的知识得以充分运用，使自己的才华得以最大限度发挥，真正成为社会上的栋梁之材。

### 三、实施写作

对比以上两则案例，你觉得哪个更好？请你以小新的身份撰写一份毕业论文。

_____
_____
_____
_____
_____

**写作提示：**

根据毕业论文的一般写作步骤进行撰写。

### 四、任务评测

对任务实施的完成情况进行检查，并将结果填入表6-2。

表 6-2 任务测评表

| 评 分 内 容 | 完整、明确、可行 | 较完整、较明确 | 不完整、不明确 | 备 注 |
|---|---|---|---|---|
| 毕业论文的基本格式是否完整 | | | | |
| 毕业论文的选题是否可行 | | | | |
| 毕业论文的中心是否明确 | | | | |
| 毕业论文的结论是否完整 | | | | |

**想一想，练一练**

1. 撰写毕业论文的意义是什么？
2. 按照学校的要求，每一位临近毕业的学生必须完成一份毕业论文。

**知识拓展**

### 技师论文（或技术总结）的撰写格式与写作纲要

## 一、什么是技师论文

论文是科学技术成果交流总结的一种形式。对于广大参加技师考评的技术工人来讲，通过撰写论文，可把自己在科学研究和生产实践当中摸索出的好经验、好方法及科学成果加以总结和提高，用书面的形式表达出来，以供同行参考与借鉴。同时便于进行交流和推广，由此再去指导生产实践，为生产服务。

## 二、技师论文的特点

技术工人所写的论文，不同于一般的工作总结，属于专题性的论文，它只着重介绍一个问题，而不需要泛泛而谈。它是把在生产实践中所遇到的问题、现象经过去粗取精，去伪存真，由此及彼，由表及里的加工整理，找出带有规律、对今后工作有指导性的东西，用所学到的专业知识，进行理论上的分析，上升到一定理论高度，用书面形式表达出来的论文。所以论文撰写是个人专业的一次具体运用，是理论与实践结合的重要实践。对技术工人来说，技术实践是有一定技术含量的比较复杂的工作，为了说明某个技术问题，既要有文字处理，又要有图形和数字的表述，但在技术实践的过程中，不少资料、数据、图表等往往比较分散，有的记在几个本子上，有的没有记录，只记在心上，有的甚至散落在不同地方，工作完了，这些资料也就完了。经验得不到及时总结，取得的成果未能推广应用，是一种浪费。

## 三、撰写论文的目的和意义

根据国家规定，技师考评方式中的综合评审，要通过论文答辩的方式进行全面评议和审查。写论文的目的，就是要应用专业知识，对某个技术问题，用说明和讨论的方式进行总结和提高，上升到理论上的高度进行分析，将自己好的经验、好的科技成果总结出来，介绍给同行。

我们不应为评审而去写论文，有些参加技师职称考评的同志，在进行论文写作时，认为评审要求论文字数为3000字左右，那就从有关的书籍上这里抄一段，那里抄一段凑字数，将理论原理或概念抄上一大段，再草草将涉及论述的内容来个叙述结尾，而根本不理会前面论述的理论原理与论述内容是否相关，对解决问题是否起到解释和指导的作用。其实要用短短3000字将有价值的难题论述清楚并不容易。论文写作的要求：一是要让别人能通过你的论述，理解掌握到你的先进技术方法；二是你要通过有力的论点、论据，甚至一些科学依据让人信服你的做法是切实可行的，有采用价值的。所以，用3000字将一个较复杂的技术问题写清楚，其语言文字要求是比较精练的，这样的要求反而比字数多的论文写作难度更大。

## 四、撰写论文

### 1. 标题

标题要准确地反映论文的中心内容，它是论文的窗口，起到画龙点睛的作用。为了准确，标题有时宁可长一些。但并非越长越好，相反，在不影响准确的情况下，应力求简练。

1）标题类型：①以研究对象、研究目的为题；②以研究结果为题。

2）根据内容需要，有时可用副标题，其作用包括：①改造太长的标题，把长标题的一部分抽出为副标题，使主标题醒目；②对主标题补充、解释和说明。

### 2. 署名

论文的署名者要对论文的内容和论点承担学术责任，作者必须熟知论文的全部资料，并能够随时回答评审员的质疑。

若论文编写不是本人独立完成，而是有合作者，那么须署上合作者的姓名。署名按贡献大小为序，每个名字的下方须用括号注明作者工作的单位。

### 3. 摘要

摘要又称为提要。摘要比较简短，它是全文的高度"浓缩"，内容可包括本论文的目的、意义、对象、方法、结果、结论和应用范围等，其中对象、结论是不可缺少的。

### 4. 关键词

关键词又称为主题词或标题词。它是从论文中选出最能代表论文中心内容特征的词或词组，是论文最高的概括。一般可选出3~5个关键词。关键词列于摘要之后，另起一行书写。

### 5. 前言

前言是论文的引子，目的是引出正文，内容包括三个方面。

1）由来：说明写此论文的理由，并对与论文有关的国内外发展动态进行综合评述，衬托出论文的价值。

2）任务：说明本论文的内容与问题。

3）结果：介绍获得的结果或结论。

前言必须简短精练，一般为 100~200 字。

## 6. 正文

正文是论文的主体部分，如果前言提出了问题，那么正文就要分析问题和解决问题，它是运用素材、论证观点的部分，因此正文是技术水平和创造才能的体现。

一般正文都包括以下内容：

1）提出问题。首先提出需要解决的问题，说明解决问题的理由和必要性。

2）分析研究问题。根据所掌握的专业技术知识进行分析，用基本原理去说明采取各种技术措施的理由，解释因果关系，从理论上说明其必然性和偶然性。

3）解决问题。根据分析现状、条件和技术要求，说明解决此问题的方法和技术措施、所选择的技术路线、具体的操作步骤。

4）结果。要充分阐明本项目结果与他人结果的异同，突出本人在工作实践中的新发现、新发明或新的见解，充分说明论文的价值。

## 7. 结束语

结束语一般包括结论和建议两部分内容。

1）结论。全文的总结，是论文的精髓，写作要十分严谨，了解了什么问题，得出了什么经验。

2）建议和说明。建议部分应提出进一步的设想、改进方案或解决遗留问题的方法，说明部分应包括结论推广的范围和可能性。

## 8. 致谢

致谢的对象是除作者以外所有对论文写作有帮助的人，如论文审阅者、论文编写的指导者。可以用这样的格式："×××对全文的修改提供了宝贵意见，谨此致谢""×××与作者进行了十分有益的讨论，特此致谢"。

## 9. 参考文献

凡文中引用他人论文、报告、总结中的观点、材料、数据和成果等，都应按引用的资料出现的先后顺序连续编码，依次列出参考文献的序号、作者姓名、题目、出版单位、出版年份。它的作用是：

1）作者引出他人观点和成果之处，反映论文的依据及严肃性。

2）便于评审员据此追踪查阅原文。

3）反映作者对本论文研究的深度和广度。

## 10. 附录

附录是不便列入正文的有关资料或图样。有时论文写好后又有新的资料需补充，则可作为附录附上。

# 参 考 文 献

[1] 孙连杰. 新编高职应用文写作［M］. 武汉：武汉理工大学出版社，2011.
[2] 邱宣煌. 财经应用文写作［M］. 5版. 大连：东北财经大学出版社，2016.